NAS ÁGUAS...

MARLENE SAES

NAS ÁGUAS DO MAR DA VIDA

ROMANCE

PELO ESPÍRITO LUIZINHO

NAS ÁGUAS DO MAR DA VIDA

Editores: *Luiz Saegusa* e *Claudia Saegusa*
Capa: *Thamara Fraga*
Projeto gráfico e diagramação: *Gerson Reis | Estúdio Ciça Reis Comunicação*
Revisão: *Rosemarie Giudilli Cordioli*
1ª Edição 1ª Reimpressão: *2012*
Impresso no Brasil | *Printed in Brazil*

InteLítera EDITORA

Rua Lucrécia Maciel, 39 – Vila Guarani
CEP 04314-130 – São Paulo – SP
11 2369-5377
www.intelitera.com.br
@intelitera facebook.com/intelitera

Dados Internacionais de Catalogação na Publicação (CIP)
(Câmara Brasileira do Livro, SP, Brasil)

Luizinho (Espírito).
Nas águas do mar da vida : romance / pelo espírito Luizinho ; [psicografado por] Marlene Saes. -- São Paulo : Intelítera Editora, 2012.

1. Espiritismo 2. Psicografia 3. Romance espírita I. Saes, Marlene. II. Título.

12-04470 CDD-133.9

Índices para catálogo sistemático:

1. Romance espírita psicografado : Espiritismo 133.9

ISBN: 978-85-63808-16-5

MARLENE SAES

NAS ÁGUAS DO MAR DA VIDA

InteLítera EDITORA

ROMANCE

PELO ESPÍRITO LUIZINHO

Sumário

Agradecimentos

NA ESCOLA DA VIDA RECEBEMOS LIÇÕES DIÁRIAS que nos trazem profundos esclarecimentos a respeito de nossa origem e destinação.

Nesta obra em que nosso querido Luizinho relata três encarnações em que teve procedimentos que oscilaram entre a desvalorização da vida até a mais completa conscientização de sua real importância, somos chamados a refletir sobre o que estamos fazendo com esta oportunidade sagrada que recebemos de Deus.

E, no reencontro de almas ao longo das várias jornadas vamos entrelaçando nossos caminhos recebendo e doando amor.

Existem momentos na vida em que amadurecidos, vamos agradecendo pelas dificuldades vividas lá atrás na infância, na adolescência, bem como na idade adulta e, diante dessas lembranças, valorizamos ainda mais nosso presente.

É no presente que realmente podemos agradecer a Deus pelas experiências do passado e pelas expectativas do futuro.

Nossa gratidão a toda família **A Caminho da Luz** pelos 36 anos de trabalho nesta Seara de Amor Fraterno, levando a milhares de corações aflitos o consolo, a divulgação doutrinária e o amor.

Nosso eterno amor e carinho ao esposo Gabriel, aos filhos Suellen, Glauco, Gabriel Jr. e Cristiane, aos netos Giovanna, Maria Fernanda, Pedro e Gabrielle, ao genro Paulo e às noras Leticia e Katia.

Nossos mais sinceros agradecimentos a esse extraordinário batalhador da divulgação da Doutrina Espírita, Jether Jacomini Filho, por ter nos honrado com o prefácio desta singela obra literária.

Marlene Saes

Palavras do autor espiritual

Criados pelo Pai da Vida, simples e ignorantes, temos como meta divina alcançar a sabedoria, sem perder a simplicidade.

Assim, vamos escrevendo nossa história espiritual, que será gravada em nosso arquivo mental, no qual vamos registrar todas as semeaduras que fizermos – o Bem e o Mal, as vitórias e os fracassos, o amor e o ódio.

Nesta despretensiosa obra, trouxemos algumas experiências vividas na Terra, objetivando incentivar o leitor, no sentido de superar seus desafios com entusiasmo e bom ânimo.

O elo que une nossas vidas na Terra é formado pelo longo caminhar na matéria, e que se entrelaça aos períodos em que, na Espiritualidade, vamos adquirindo conhecimentos diante de quadros reveladores que nos são apresentados após cada retorno.

As três reencarnações aqui descritas relatam o quanto somos capazes de unir ou desagregar, de acolher ou de desprezar, de amar ou odiar.

Como espírito imortal, agradeço ao Pai Criador as oportunidades de retornar ao palco da vida, reparando erros, retornando ao convívio de antigos desafetos, mas que na Bondade Divina também me foi permitido o convívio com almas queridas que, nos momentos difíceis, seguraram minhas mãos, me conduzindo pelos caminhos da vida.

Após o aprendizado, por vezes doloroso, nos capacitamos para realizações importantes que nos darão a oportunidade de desenvolver tarefas na imensa seara do Mestre Jesus.

Obrigado Jesus por todo aprendizado que foi oferecido a este espírito devedor, permitindo o fortalecimento espiritual que nos encorajou a retornar mais recentemente para saldar débitos antigos, e reunir nos laços do amor e da amizade, antigos companheiros de jornada, que compartilhando dos propósitos cristãos, aceitaram o desafio para a implantação de uma casa de amor, onde todos estariam **A CAMINHO DA LUZ.**

Luizinho

Prefácio

AQUELES QUE APRECIAM AS HISTÓRIAS que os romances trazem e desconhecem as Leis do Amor e da Evolução e todas as outras que lhes são correlatas, chegam mesmo a concordar com o repetido comentário literário de que a Vida imita a Arte.

Desconhecem que a Vida é muito maior e que nossos destinos estão interconectados em grande e superior enredo. Ele vem sendo escrito e encenado no palco da Terra ao longo da peça História Humana. A coletânea das histórias se transforma no épico – Civilização Terrena, em cujo processo magistral todos nós, os protagonistas, retornamos ao palco, todos a caminho da luz. É o deotropismo em nós.

Nas histórias encadeadas, ***Nas águas do mar da vida***, por onde você poderá navegar, e trazidas por Luizinho e Marlene, você perceberá, a partir dessa visão de conjunto e perspectiva temporal, os mecanismos superiores de Deus gestando a evolução individual e coletiva. Nela você verificará a ação desse belíssimo fundamento da vida – ninguém progride a não ser na vida de relação, e que ao lado de outros fundamentos, preserva a liberdade individual e, ao mesmo tempo, a responsabilidade desse exercício com a liberdade daqueles que nos relacionamos. Ele vai tecendo a rede de amigos, afetos e apoios, sem a qual não poderíamos ser repescados do mar "morto" que afundamos sob o peso do orgulho e do egoísmo.

Interessante detalhe histórico é vermos como a mediunidade se manifestava, em um período decrescente quanto à sua aceitação, mas ainda, de intolerância e ignorância religiosa. O fato relatado tem proximidade histórica com o surgimento do Espiritismo e podemos vislumbrar o planejamento estratégico da Espiritualidade com o surgimento da Codificação como processo libertador e disciplinador dessa faculdade de acesso à Misericórdia e à Providência Divinas.

Derrotas ou tombamentos, em certas circunstâncias, se por um lado frustram o enredo carnal por outro são verdadeiras ascensões do ator/individualidade que cada um é ao longo de sua evolução. E que acontece no transcorrer da dramaticidade de cada personagem/renascimento. O romance que você tem em mãos, com certeza, o levará a refletir acerca dos scripts que estamos escrevendo hoje e estaremos vivendo amanhã.

Jether Jacomini Filho

Capítulo 1

Preparando-se para mais uma aventura

O MAR ESTAVA TRANQUILO naquele entardecer. Poucas nuvens davam à cálida tarde um ar romântico que envolvia o coração de Henry. Enquanto os pensamentos navegavam em intensa velocidade, o corpo descansava sobre pequena elevação, formada por algumas pedras que, de quando em quando, eram banhadas pelas águas.

Espírito voluntarioso e sagaz, aquele jovem capitão da Marinha Inglesa idealizava sua próxima partida, já vislumbrando as conquistas que aconteceriam sob seu comando. Em suas contas, sua parte nas conquistas já realizadas seria suficiente para poder oferecer presentes valiosos à sua amada. Para ele, a melhor maneira de compensar os longos períodos de afastamento era presenteando Anne com tecidos finíssimos e joias que ela tanto apreciava.

Seus alvos preferidos eram navios espanhóis e portugueses, e nos ataques desferidos não se preocupava nunca com a vida dos marinheiros, que sob seu comando, também ficavam inebriados com a febre da cobiça das riquezas que seriam saqueadas.

Naquela noite, dormiria sonhando com a saída da embarcação, o que aconteceria na manhã seguinte. Sabia que deixaria um vazio imenso no coração de Anne e também no de sua mãezinha que lhe rogava, insistentemente, que deixasse aquela vida de perigos em que ele havia se envolvido, e que fatalmente não lhe traria felicidade.

Porém, de nada adiantavam os apelos maternos, muito menos o da noiva Anne que já havia desistido de lhe pedir mudança nos objetivos. Ela sentia, no fundo de seu coração, que deveria aceitar aquele amor da forma como era possível, pois aquele jovem ambicioso e voluntarioso não aceitava interferências em sua vida.

Assim, logo ao amanhecer, Henry juntava-se à sua família do mar, como costumava se referir aos marinheiros que formavam sua tripulação, e zarpavam para mais uma aventura que tinha como objetivo a prática da pirataria.

O grupo não era composto por figuras grotescas como se costuma apresentar, não havia pessoas disformes, ou com aspectos assustadores. Eram na maioria, jovens como Henry que tinham naquela prática o seu modo de vida. Serviam à rainha, como costumavam afirmar, e consequentemente recebiam por aquele trabalho.

Assim, transitando pelo Caribe, Jamaica e outros mares,

aquele navio inglês era temido pela ousadia dos ataques realizados, e pelo destemor que seu capitão apresentava. A tripulação, para não ficar desmoralizada diante de seu comandante, utilizava sua força e frieza para saquear, ferir, matar, angariando cada vez mais a confiança daquele comandante que não valorizava a sua vida, nem a dos seus comandados.

Ao avistar as embarcações que seriam "suas vítimas", Henry era tomado de intensa euforia, e aos gritos motivava seus subordinados com palavras de ordem:

– Vamos! Vamos! Vocês são os mais valentes marinheiros deste reino! Depende de cada um o melhor resultado para assegurarmos a soberania de nossa Rainha! Ninguém deve se comportar como aquele menino chorão, pois cada um de vocês representa aquele valoroso soldado do mar com quem o Reino precisa contar para manter sua soberania.

E assim, a cada ataque, os ânimos se alteravam, e aquele grupo, guiado pelo destemido Henry, vinha se mostrando mais cruel e desarmonizado perante a Espiritualidade.

Os saques eram cuidadosamente armazenados para que, no retorno a terra firme, fosse feita a partilha, que sob o comando dos oficiais responsáveis pela recepção dos resultados obtidos, sempre destinava a melhor parte para os cofres reais, e a parcela que seria distribuída ao grupo era entregue a Henry que se encarregava da divisão daqueles tesouros obtidos de forma inescrupulosa.

Desta forma, caberia a maior parte ao comandante, e aos marinheiros seria distribuído o restante, que nem sempre os satisfazia. Era comum a discussão entre aqueles que se sentiam prejudicados, sob a alegação de que alguns se expunham de forma mais perigosa nos combates, e na hora da partilha não eram reconhecidos. Mas, mesmo diante de algumas insatisfações, o grupo permanecia decidido a continuar naquele "ramo de negociantes", como eles mesmos se intitulavam.

Capítulo 2

Vivendo situações desagradáveis

Henry, em sua chegada a Plymouth, foi convocado a comparecer ao comando maior, para explicações. Ficou intrigado com aquela convocação, pois sabia que quando isso acontecia, havia algo de perigoso no ar.

Dirigindo-se ao oficial responsável pelo controle alfandegário foi conduzido ao oficial maior, o qual o encarou com semblante duro e nada amistoso. Henry tinha a sensação de que sua conduta seria colocada em dúvida, não encontrando motivos para isso, revolvendo em seus pensamentos, na busca de algum fato que justificasse aquele chamamento oficial.

Sem rodeios, Sir James, conhecido como um

homem frio, altivo e arrogante, dirigiu-se a Henry com palavras duras, apesar de admirar sua coragem.

– Henry, chegou ao nosso conhecimento que a carga apresentada nesta última empreitada não corresponde ao total de tudo o que foi saqueado. Sendo você um dos mais confiáveis comandantes, causou surprésa e decepção ao Comando Maior. Por este motivo eu o convoquei para ouvir suas explicações, antes de nos dirigirmos ao salão principal.

Henry sentiu naquele momento uma sensação formada por raiva, desconfiança, surpresa e decepção, pois sua dedicação à coroa era reconhecida por todos. Não entendia como seria possível tal acusação, justamente a ele que colocava sempre em primeiro lugar seu amor à pátria e sua subserviência à sua Rainha.

Conhecedor profundo das intrigas que surgiam naquele meio, ele buscou no fundo de sua alma o controle necessário para demonstrar serenidade. Naquele momento sentiu-se envolvido por uma força diferente, desconhecida, e de imediato uma calma profunda tomou conta de seu ser. Relembra ele, em um átimo, vários episódios em que destemido, não se poupava diante dos perigos enfrentados, e se expunha de todas as maneiras para conseguir seu objetivo que eram os saques, o que tinha para ele, o sabor de dever cumprido, pois se colocava como aquele servidor que segue as ordens de seu comandante maior, acima de tudo.

Naquele momento pôde rever algumas cenas vivenciadas nas últimas empreitadas marítimas. Recordou-se que havia entre os marinheiros um jovem ambicioso que lhe causava sempre sensação desagradável. Lembrou-se de ter comentado o fato com seu fiel companheiro Edward, e que ambos já haviam conversado a respeito de atitudes estranhas daquele recém-chegado.

Henry, acostumado a enfrentar situações difíceis, teve naquele momento a certeza plena de que aquele jovem havia tramado algo sórdido contra ele, e preparou sua defesa de forma brilhante.

Antes de qualquer pergunta lhe ser endereçada, pediu licença para Sir James para relatar fatos que o estavam preocupando, pois havia detectado entre seu grupo de marinheiros a existência de um suposto traidor, o qual já estava sendo observado por alguns homens de sua confiança. Descreveu as duas últimas batalhas travadas por ele e seus homens, ressaltando que em uma delas tivera uma perda importante, e que ficara sem uma explicação clara. Um de seus mais antigos companheiros caíra ao mar, em situação obscura, e mais tarde, Henry foi informado que aquele marinheiro teria informações importantes que desejava passar-lhe, mas não teve tempo hábil para isso.

Henry continuou sua explanação, citando ainda que o suposto traidor havia incitado alguns marinheiros a exigir maior parcela na distribuição dos "lucros obtidos", como eles costumavam chamar o produto de seus saques, e que não havia resolvido aquela questão da forma mais comum, ou seja, cortando o mal pela raiz, em seu sentido literal, em razão do jovem em questão ter parentesco longínquo com um nobre cidadão inglês.

Sir James, perspicaz, ouviu o relato de Henry com atenção, e conduziu a conversa para empreitadas anteriores, procurando rememorar antigos feitos, de forma a analisar todas as informações contidas naquele depoimento.

A experiência de Henry, sua sagacidade, e principalmente sua demonstração de amor à pátria, demonstraram a Sir James que ele estava sendo sincero. Não seria necessária a identificação do suposto traidor, por parte de Henry, pois ambos sabiam que a denúncia só poderia ter sido promovida pela mesma pessoa. Mas, oficialmente, seria necessária a pergunta quanto à identidade do marinheiro em questão. E assim foi feita. E, para que tivesse uma conotação disciplinar, o referido marinheiro foi localizado em menos de vinte e quatro horas, e evidentemente punido de forma exemplar. Sir James não revelou a Henry tratar-se da mesma pessoa, mas nem era necessário...

Outras expedições ocorreram, sempre com a mesma intensidade nos ataques.

As vidas humanas continuavam a não representar muito, e os combates aconteciam sem trégua, transformando aqueles homens em criaturas endurecidas e desalmadas.

Assim, os anos transcorriam e Henry se tornava cada vez mais afoito e não se importava com dificuldades que surgiam no navio, tais como doenças, desavenças, tratando todos os assuntos com frieza e adotando medidas que beiravam à crueldade.

Capítulo 3

Mudanças importantes acontecem

Aos 32 anos decidiu que era momento de se unir a Anne, que afinal já estava passando da idade de se casar, como comentavam as matronas daquela localidade. Ela, que o amava muito, aguardava esse momento em que realizaria aquele sonho que acalentava desde menina. Mas, Henry afirmava categórico:

– Não pense que pretendo mudar de vida, neste momento. O mar ainda representa meu lugar preferido para trabalhar – dizia.

E, com a certeza de que era aquele o seu mundo, continuaria com suas viagens de trabalho.

Ainda que aquele capitão fosse rígido, Henry tinha por Anne um profundo amor. Jamais havia se interessado por outra mulher daquela forma, embora, como era comum a todos os marinheiros, ocorriam os encontros nos cais dos portos, com mulheres que vendiam momentos de prazer a fim de garantir a sua sobrevivência.

Em poucos meses acontecia o casamento de Anne e Henry, e mesmo sabendo da obstinação do marido em continuar com a pirataria, ela se iludia com o pensamento de que ele iria ceder aos seus apelos. Cuidava com carinho de sua pequena moradia, das roupas do esposo, orava a Deus que o protegesse, mesmo sabendo que sua conduta não estava correta. Sua grande amiga Margareth, esposa de Edward, estava aguardando a chegada de seu primeiro filho, e Anne a auxiliava na preparação do enxoval. Sonhava com o dia em que também estaria preparando o enxoval de seu bebê, mas o tempo passava e essa alegria ainda não se fazia presente em sua vida.

Naquele final de tarde, Anne se alegrou ao ver ao longe o pequeno grupo que retornava. Avistara Henry, Edward e os outros moradores do vilarejo que acabaram se unindo àquele grupo de pirataria. Henry, bastante cansado e irritado com as constantes discussões que aconteciam entre os marinheiros, não se mostrava disposto a conversas, o que entristecera o semblante da esposa.

A doçura de Anne acabou tocando o coração do esposo, que desanuviando seu semblante, acabou desabafando suas mágoas e decepções. E novamente ele teve aquela mesma sensação já experimentada há tempos atrás. Sentia que havia alguém ao seu lado, transmitindo serenidade, e, ao mesmo tempo tinha a sensação de que esse alguém que o amava, o intuía a mudar de vida.

Naquela noite, pela primeira vez, demorou muito a conciliar o sono, e quando conseguiu dormir, viu-se repentinamente em um local muito confuso. Sentia que não estava sozinho, mas não conseguia ver quem estava ao seu lado. Percebia que era guiado por alguém que conhecia bem o local, e que tinha como objetivo mostrar-lhe alguma coisa. – Mas, o que poderia ser? Quem o estava acompanhando?

Ao acordar, teve uma vaga lembrança do sonho, e naquele momento lembrou-se de seu pai, que já havia deixado este mundo há mais de vinte anos. Tentava rememorar aquele sonho, no intuito de se lembrar dos detalhes, mas nada...

Os intervalos das viagens variavam de duas a três semanas, e durante esse período em terra, os reparos na embarcação deveriam ser providenciados com a ajuda de todos. As noites continuaram a ser tumultuadas, mas os sonhos se tornavam mais claros, contudo mostravam cenas que Henry não gostava de lembrar.

Foi assim que naquela noite Henry viu-se à beira do mar, sentado na areia, rodeado por criaturas, algumas de semblante tristonho, outras demonstrando ódio no olhar, e sentia que havia algo de comum entre eles. – Mas, quem seriam elas?

Para seu alívio, teve a visão clara da presença de seu pai. Homem correto, do qual tinha boas lembranças que depois de prolongada doença deixara viúva sua mãe ainda, relativamente, nova e os três filhos. Sendo ele o mais novo dos três irmãos não tinha muitas lembranças, mas ao longo do tempo sempre ouvira de sua mãe os lamentos pela ausência daquele que fora uma pessoa que deixou no coração da família e dos amigos um enorme vazio.

Ouviu perfeitamente quando seu pai lhe disse:

– Filho, observe o sofrimento desses homens que tiveram a

vida ceifada nos ataques que sofreram por você e pelos seus comandados! Alguns ainda jovens deixando a dor e a angústia da separação em suas famílias. Isto não diz nada a você?

Sem entender o motivo daquele sonho, ao acordar, justificava como pesadelo, pois para ele aquelas pequenas batalhas eram normais, nas quais sempre haveria ganhadores e perdedores.

Findo o prazo em terra, Henry reuniu seus homens e retornou ao mar.

Os ataques continuavam, mas, os resultados nem sempre eram favoráveis à poderosa Armada, o que exigia maior dedicação e destemor por parte de todos. Os perigos estavam cada vez maiores.

E foi assim que avistaram "o inimigo", e Henry convocou seus marinheiros a se prepararem para o ataque. Alguns até tentaram mostrar que estavam cansados, vários doentes, e as condições do mar adversas. Tudo em vão!

Henry havia decidido que o ataque aconteceria logo mais, e todos deveriam dar o melhor de si, pois pelo que se via aquela embarcação estava abarrotada de riquezas, que dariam a eles a oportunidade de até tentar mudar de vida, caso quisessem.

Não houve nenhum argumento que o fizesse refletir, e como sempre acontecia antes dos ataques, Henry parecia enlouquecido pela sede da conquista. Havia certa apreensão no ar, mas ele nada percebia, dando ordens e exigindo que cada um estivesse a postos, pois era chegado o momento.

Capítulo 4

Derrota inesperada

PELA PRIMEIRA VEZ HENRY E SEUS COMANDADOS se depararam com uma situação inesperada. A embarcação atingida era capitaneada por Nubert, conhecido por sua força e crueldade. Todos os seus marinheiros lutavam com fúria gigantesca. O mar naquela tarde estava tremendamente agitado, formando um cenário de horror.

Durante horas, o combate ceifava vidas de ambos os lados, não havia como recuar, e Henry incitava os companheiros a lutar, se expondo ele mesmo ao perigo iminente da derrota, até então inadmissível para ele.

Não se admitia a derrota no seu caso. A luta sangrenta que ceifava a vida de vários companheiros, associada à tormenta que caía já ao anoitecer finalizavam o combate, provocando o naufrágio da embarcação comandada por Henry, encerrando assim aquele capítulo triste de uma história que fora antecipada em oito anos antes do previsto, pela insensatez daquele homem que, inadvertidamente, causara sua desencarnação, bem como a partida, do Planeta, de vários marinheiros que estavam sob seu comando.

Naquela noite Anne não conseguia conciliar o sono. Tinha a sensação horrível de que algo de muito ruim havia acontecido. Já alta madrugada, adormeceu e sentia-se ao lado de Henry, vendo-o debater-se junto aos destroços da embarcação. Acordou trêmula, assustada e ajoelhando-se diante da imagem de Jesus pedia em prantos que Ele protegesse seu esposo.

Assim que clareou o dia, dirigiu-se à casa de sua sogra, relatando sua noite mal dormida. Ambas foram buscar ajuda, pois precisavam obter informações. Nas imediações de Plymouth, todos as conheciam e alguns amigos se prontificaram a ajudá-las. O acesso aos Oficiais da Marinha Real não era permitido tão facilmente, pois a Rainha Mary I, da Inglaterra, tinha fama de rainha dura e intransigente.

A falta de notícias imediatas deixou aquelas duas mulheres em grande sofrimento, e apenas foram levadas a sério no momento em que o retorno deveria ocorrer, e não aconteceu. Dois dias depois da data prevista, o comando da Marinha decidiu fazer as buscas na rota que normalmente seria utilizada para o retorno. Sinais do naufrágio foram avistados. Destroços da embarcação submergiam, e alguns corpos mutilados eram visíveis, boiando nas águas que estavam tranquilas naquele momento.

Foi com enorme dor que Anne e sua sogra retornaram ao

pequeno vilarejo, portadoras de notícias alarmantes. Ao avistá-las, Margareth, que havia dado à luz há pouco tempo, percebeu que algo de muito ruim havia se passado.

A consternação foi geral, pois vários marinheiros da equipe de Henry pertenciam às famílias que ali residiam. Assim como Henry e Edward eram amigos inseparáveis, Anne e Margareth se amavam como irmãs. Sabiam que aquele momento de dor haveria de uni-las ainda mais. Assim, o ano de 1557 se encerrava para aquelas famílias, de uma forma dolorosa.

Não se poderia esperar nenhum tipo de ajuda da Marinha Real, pois o povo, pouco ou quase nada representava à nobreza. Em cada lar atingido restaria somente a dor e a necessidade de superação, fazendo com que dessa forma, aqueles corações sofridos se unissem para vencer os percalços que os atingia naquele momento.

Capítulo 5

Triste despertar

Ao ser atingido pela arma fria que lhe interrompeia a vida física, Henry se desligou daquele corpo, mas continuou a se comportar como se estivesse ainda ligado a ele. Tentava se desvencilhar dos destroços que entendia ser o que restara da embarcação, gritando pelos seus homens, e sentia pela primeira vez que uma ponta de medo começava a tomar conta de si. Debatia-se, gritava, tentava estancar o sangue, enfim estava em profundo desespero diante da situação. Não conseguia localizar seus amigos, e parecia estar sendo sugado por uma força maior.

Em dado momento sentiu-se desfalecer. Ao despertar, viu-se deitado na areia alva e fina, e supôs ter conseguido se salvar da morte certa. Olhou os ferimentos que sangravam, e tentou pedir ajuda. Não sabia exatamente onde se encontrava. Veio a noite e ele se desesperou. A revolta já começava a tomar conta de seus sentimentos, quando sentiu que alguém se aproximava.

– Filho, abra os olhos! Novamente o Pai Maior me permite acolhê-lo em meus braços de pai saudoso!

– É chegado o momento do retorno ao mundo verdadeiro, onde haveremos de rememorar toda a caminhada desta jornada que se finda agora.

– Meu pai! Como é possível? Onde estou? Como posso lhe ver se há muitos anos nossos caminhos se separaram com sua morte?

– Devo estar delirando pelos ferimentos recebidos!

– Não, meu filho querido. Nosso encontro foi antecipado por sua impetuosidade, pela sua insensatez, mas a realidade amarga começa a partir de agora.

– Me recuso a aceitar isso! Eu ainda tenho muito trabalho. Casei-me e ainda não sou pai. Tenho Anne me esperando, e minha mãe que passou por tantos sofrimentos, espera igualmente o meu retorno dessa expedição.

– Henry, Henry, até quando você vai ficar endurecido, feito uma muralha, para os verdadeiros objetivos da vida? Sua oportunidade de crescimento foi oferecida, cercada de muitas esperanças. Foram décadas de preparo e aprendizado, para isso?

– Venha meu filho, o Socorro Divino não falta a ninguém, mas é preciso abrir o coração para que a luz de Jesus possa iluminar sua alma. Vamos pedir ajuda de Deus.

Mesmo sem querer aceitar, Henry sentia que seu pai seria o único caminho para que ele fosse socorrido. E assim fechou seus olhos, acompanhando aquela fervorosa oração.

Henry foi conduzido por Thomaz como se fosse uma carga preciosa. O coração de um pai sempre se enternece quando recebe de volta o filho amado. Ambos se dirigiram à Colônia Navegantes – lugar para onde já haviam sido conduzidos alguns companheiros desencarnados naquele mesmo conflito, ocorrido há alguns dias.

O adormecimento benéfico fez com que Henry reabilitasse suas forças, sendo que aquele espírito, acostumado a dar ordens e a enfrentar os perigos, encontrava-se agora à mercê de cuidados de pessoas que lhe eram aparentemente desconhecidas. Henry não tinha consciência de quanto tempo se passara, mas em uma manhã muito ensolarada foi despertado por aquele a quem se apegara, pois sentindo que seu amor era realmente protetor, estava certo de que seu pai era o único, naquele momento, que poderia esclarecer tudo o que havia ocorrido.

– Henry, levante-se, pois vamos fazer um passeio. Ainda cambaleante, mas decidido, aquele ex-comandante via-se ainda frágil, mas desejoso de retornar às atividades que ele não entendia bem quais seriam, pois ainda que seu pai tivesse deixado bem claro que ele não mais pertencia ao rol dos encarnados, às vezes, tinha suas dúvidas a esse respeito.

Estava decidido, naquele momento, a esclarecer de uma vez por todas aquela situação que o deixava confuso. Levantando-se, verificou que as marcas dos ferimentos praticamente haviam desaparecido, o que o levou a supor que os cuidados médicos haviam sido dispensados, enquanto ficara adormecido.

Como lhe disse Thomaz, ele precisava aprender muitas coisas.

Dirigiram-se ao cais do porto de Plymouth o qual permanecia igual ao último dia que dali zarpou para a viagem fatal. Via antigos conhecidos, e queria interpelá-los, no que foi contido por Thomaz. Eram gestos suaves, mas que tinham uma força diferente daquela força que ele conhecia. Parecia que apenas o pensamento emitido por seu pai era capaz de criar uma energia surpreendente.

Envolvendo o filho em imenso carinho paternal, Thomaz iniciou a narrativa de todo o episódio, inclusive citando com muita clareza que as vidas que estavam sob sua guarda haviam sido ceifadas, diante da ambição e do desamor demonstrado em várias ocasiões, e que havia culminado com a desencarnação da quase totalidade de seus marinheiros.

Foram muitas as perguntas feitas por Henry a respeito de todo o sangrento combate final, em que ele e seus homens foram dizimados por um grupo que, teoricamente, se preparara por muito tempo para derrotá-los. – Teriam eles recebido ajuda daqueles que se julgavam prejudicados por seu comportamento? Teriam sido traídos pela própria Armada Real que esperava sempre lucros maiores, seja qual fosse sua procedência?

Thomaz, em sua condição de servidor cristão, ouvia com profundo respeito e amor as justificativas do filho amado, mostrando-lhe todos os caminhos que por ele tinham sido ignorados, e que, embora tivessem sido por inúmeras vezes apresentados como alternativas justas, não foram aceitos, diante da ambição e da necessidade dos confrontos desnecessários. Por um longo tempo ambos, acomodados em pequena reentrância arenosa que ali se formava, conversaram acerca das reminiscências originárias daquela encarnação tumultuada, a qual agora Henry tinha consciência que havia se findado.

Diante de tudo o que ouvira, Henry estava convicto de que

havia deixado o corpo físico, e naquele momento enorme vazio o envolveu, sentindo-se completamente desnorteado. Um misto de revolta e medo começava a invadir sua alma, e sentimentos conflitantes formavam uma atmosfera opaca em seu redor.

Naquele momento, seu pai o informou que precisaria se ausentar por um período, pois havia postergado algumas tarefas de sua responsabilidade, pois, por condescendência divina recebera a permissão de ali estar, junto dele, enquanto fosse necessário. Complementando, ainda esclareceu que dali em diante Henry caminharia em direção ao aprendizado, e em direção às reflexões que se fizessem necessárias, considerando a longa trajetória de equívocos cometidos por ele nessa última encarnação.

Em retorno à Colônia Navegantes, pai e filho foram recebidos pelo Instrutor Sérvio, que os aguardava, e cumprimentando-os com carinho informou a Henry que ambos iriam participar da assembleia que se iniciaria dentro de poucos minutos, quando se encontraria com velhos amigos.

Ao se dirigirem para o imenso Auditório da Colônia, Henry pôde observar que muitos espíritos com expressões sofridas compunham aquele grupo. Perguntava a si mesmo se ele também portava aquela expressão sofrida, pois não sabia definir o que sentia. Ao mesmo tempo em que se perguntava o porquê daquela derrocada, entendia que faltara coragem aos corsários que compunham sua tripulação. Não percebia que seus pensamentos eram captados pelo Instrutor Sérvio que o acompanhava em silêncio, dando oportunidade para que seu novo pupilo pudesse agir com naturalidade.

O local da reunião era simples, iluminado e arejado. Aos poucos, homens e mulheres libertos do corpo físico ali se acomodavam, sem saber ao certo o motivo daquele encontro. Irmão Sérvio, ao se encontrar com outros Instrutores os cumprimentou cordialmente, mas Henry, acostumado à convivência mais grosseira, nem sequer observou o tratamento fraterno que reinava entre aqueles que já se dispunham ao auxílio aos irmãos mais necessitados.

Os participantes daquela assembleia se acomodavam no auditório em formato de arena, e após alguns minutos, Irmão Sérvio dirigiu-se ao público presente, agradecendo a presença carinhosa e convidando a todos a se unirem em prece, preparando-se assim para aquela reunião que tinha como objetivo dar as boas-vindas a todos, bem como esclarecer acerca dos passos que seriam dados a partir de então.

Irmão Sérvio iniciou sentida prece, e, ligado a Jesus, transformou-se em instrumento de enorme energia e luz, balsamizando assim aquelas centenas de almas que ali se encontravam na expectativa das informações de como seria o seu futuro.

Preparados pela oração, a emoção envolveu a todos quando a presença de Irmã Angélica iluminou todo o ambiente com reflexos azulados, e doce paz tocou aquelas almas que se sentiam desnorteadas, embora já tivessem sido amparadas por familiares e amigos, desde o momento do desenlace.

Caríssimos irmãos em Cristo!

Toda oportunidade de retorno ao planeta Terra é precedida de uma longa preparação, em que cada filho do Pai Amado recebe intenso aprendizado objetivando o sucesso. Nenhum espírito retorna ao orbe terreno despreparado para a vitória que é o objetivo final de todos. Durante anos, ou décadas ou até séculos nós somos orientados por Irmãos abnegados, a respeito do comportamento cristão que se espera de nós, diante das provas da vida. Exemplos nos são mostrados, situações difíceis são apresentadas, com o intuito de formar alunos exemplares, que na maravilhosa escola da vida caminharão com louvor, na busca da conquista de sua diplomação. Mas, o patrimônio espiritual de cada indivíduo é que irá conduzir todas as ações que serão exigidas durante toda a estadia no planeta. Ali, diante das várias situações que farão parte do nosso cotidiano, o nosso livre-arbítrio irá reinar absoluto consolidando assim, toda a estrada a ser percorrida. E, peço agora a cada um de vocês, que faça uma rápida retrospectiva mental e observe o que foi feito no seu período de vida física. É possível perceber os deslizes cometidos? Todos se sentem satisfeitos com tudo o que semearam? Houve em seus atos, prejuízos ao seu semelhante? O seu pão de cada dia foi obtido de forma honesta? Você se lembrou de que o Pai Maior ama a todos os seus filhos, da mesma forma, e espera que você também tenha se comportado assim?

Nesse momento, a grande maioria sentia-se desconfortável, negando-se a uma reflexão, com os sentimentos em tumulto, procurando justificativas infundadas para fugir às suas responsabilidades. A energia que era expandida pela Venerável Mentora criava uma atmosfera sutilizada ao seu redor e envolvia os servidores que ali se encontravam no amparo àquele grande número de recém-chegados. Irmã Angélica, após pequena pausa retornou à sua explanação clara, expressiva, porém amorosa:

A partir deste instante, cada um de vocês, caríssimos irmãos em Cristo, irá encontrar-se com sua própria consciência, amparado por

Amigos Espirituais que os amam, os quais serão seus companheiros de aprendizado, e estarão auxiliando-os na retrospectiva espiritual que facilitará as comparações do ontem e do hoje, construindo assim o amanhã que deverá ser mais tranquilo e harmonioso do que as vivências passadas.

Irmã Angélica se despediu com comovida saudação, exortando a todos a buscarem a paz, com Jesus.

Mestre Jesus, estende seu olhar misericordioso a estes seus irmãos menores, os quais se perderam pelos descaminhos da ambição. Fortaleça Senhor, o desejo de renovação nestas almas combalidas pela falta de fé, e dá a todos a oportunidade do aprendizado junto de todos aqueles que sucumbiram diante de suas intempestivas atitudes. Senhor, somente Seu amor divino será capaz de reconstruir em cada um, o longo caminho da evolução, que é desejada por todos, mas que requer a completa renúncia aos interesses mesquinhos, ao egoísmo e ao orgulho, que, como ervas daninhas, sufocam as mais belas sementes do amor.

Capítulo 6

Nova moradia, novo aprendizado

Aos poucos o imenso auditório foi ficando vazio, pois cada participante era encaminhado para o local mais apropriado ao seu novo momento de vida. Naquela Colônia espiritual que os abrigava havia uma gama de setores que variavam desde a recepção aos recém-desencarnados, até clínicas de restauração da mente espiritual.

No lado de fora das muralhas viam-se algumas construções que se assemelhavam a galpões sombrios, onde se refugiavam espíritos aterrorizados por outros que se julgavam cobradores de débitos antigos. A atmosfera naquele local era pesada, exalando cheiro de enxofre, e o ar contaminado pelas energias mentais de baixa categoria tornava o ambiente sombrio e assustador.

Henry se viu naquele local, sem ter entendido como aquilo ocorrera, e assustado se viu cercado por inúmeros corsários os quais reconheceu como companheiros antigos. Naquele mesmo instante, verificou que chegavam outros, mais novos, com o olhar cheio de ódio, e se dirigiam a ele com expressão de vingança no olhar. Para sua surpresa, alguns dos mais antigos formaram uma barreira à sua frente, e de imediato afugentaram aquela turba que desejava tomar satisfações com aquele que fora seu comandante, e que, no seu conceito, fora o culpado pela desdita.

Após esse episódio, Henry agradeceu àqueles velhos companheiros, e reconhecendo que os elos de amizade não eram recentes, perguntou a eles onde se encontravam, e o porquê de terem se reencontrado naquelas circunstâncias.

Aquele que parecia ser o líder dirigiu-lhe o olhar sombrio, mas que não o amedrontou, pois sentia que no íntimo era apenas um espírito em busca de paz. Via que os demais apresentavam, como ele próprio, algumas marcas no tórax, nas mãos e na cabeça. No mesmo instante, começou a fazer perguntas para Órus, pois esse era o nome daquele grandalhão que, diante da enorme curiosidade do recém-chegado, o mandou calar-se.

Henry compreendeu que aquele lugar representava uma semiprisão, ou na melhor das hipóteses, um educandário ou reformatório, onde ele e os demais haveriam de rever seus passos, e provavelmente seriam criticados pelas atitudes que haviam tomado. Percebia também que existiam vários grupos, cada um com seu líder, e que todos se respeitavam. Henry perguntou de imediato se ele poderia ter notícias de sua família, quando percebeu que essa palavra era ignorada por todos. Percebeu que cada um, envolvido no próprio turbilhão de angústia, somente conseguia visualizar seu "próprio umbigo".

Na Bondade Divina, todos os espaços do Universo são monitorados por uma força maior que a tudo acompanha, oferecendo a cada instante a oportunidade do recomeço a todos os seres humanos. Assim, Henry, que apesar de ter cometido muitos erros nessa última roupagem física, trazia também uma folha de boas ações, que no momento oportuno haveriam de se fazer presentes em sua lembrança.

Diariamente, no momento da Ave Maria que ilumina todo o Universo, também ali se fazia sentir a energia da Mãe Santíssima. E, todos os espíritos, onde quer que estejam têm a possibilidade de captar essa energia renovadora que a todos alcança, mas, que de acordo com o estado espiritual de cada um, produz resultados diferenciados. O maravilhoso deste momento diário é poder sentir que uma onda de luz toca todos os corações, refletindo o imenso amor da Mãe Maior.

Após algum tempo de permanência naquele local onde não havia uma rotina a ser seguida, mas sim, onde cada um extravasava seus sentimentos, Henry sentiu imensa vontade de procurar aqueles jovens que ele percebia estarem ali por sua culpa, pois estiveram sob seu comando. Não sabia explicar tal sentimento, mas sabia que precisava fazer algo. Agasalhando esse pensamento, procurou o amigo Órus, que o desaconselhou da atitude que pretendia tomar, dizendo que não valia a pena se expor à ira daqueles jovens. Henry percebeu que Órus não havia se decidido ainda a reparar os equívocos do passado, mas não o criticou, apenas agradeceu o conselho.

Quando os pensamentos começam a mudar de tom, a energia irradiada acompanha tal alteração. Henry, embora não tivesse visto mais seu pai Thomaz, era visitado por ele constantemente, pois o amor paternal jamais abandona seu filho. Dentro das sábias Leis Divinas, Henry deveria caminhar por suas próprias pernas, mas isto não o impedia de receber as orações da mãe e da esposa que ficaram na Terra, bem como as do pai desencarnado que o acompanhava a distância. Dessa forma, em um final de tarde, Henry sentiu a presença de alguém ao seu lado, e sem entender como aquele ser calmo e cativante chegara até aquele local, sem ser visto; se apressou em perguntar o que ele fazia ali naquele lugar tão cheio de dor e sofrimento.

– Estou a serviço de Jesus – afirmou o Instrutor Zenóbio. Temos sentido no Departamento de Reconstrução Espiritual o seu desejo de muito se aproximar daqueles que prejudicou em sua última existência. Estou aqui para fortalecer esse seu desejo.

Henry sentiu que havia chegado seu momento de reaproximação. Mas, o Instrutor Zenóbio se apressou em alertá-lo que seria uma árdua empreitada, pois aqueles jovens, que estavam profundamente revoltados por sua desencarnação, o culpavam pelo acontecido. Naquele momento de decisão, o Mensageiro convidou Henry a orar, mostrando àquele espírito, ainda distante da verdadeira fé, que sem a Força Divina em nada teria sucesso, e que essa força é conseguida somente por meio da oração fervorosa. Essa prática começou a fazer parte de sua vida, e Henry se esforçava para entender esse novo mundo onde naquele momento era o seu lar.

Assim, orientado por Zenóbio, Henry começou a sentir o quanto teria de aprender para conseguir se aproximar, sem despertar ainda mais raiva naqueles que ele amava a seu modo, e com os quais convivera um bom tempo. Henry começou a perceber o quanto errara, mas ainda tentava justificar esses erros com argumentos frágeis, e que nem a si mesmo já conseguiam convencer. Mesmo assim decidiu enfrentar aquela situação, pois afinal, estava vivendo naquela nova moradia coletiva.

Capítulo 7

Buscando a reaproximação

HENRY SE PREPAROU com a força da oração, como foi orientado, e temeroso, mas confiante se dirigiu a uma espécie de refúgio onde estavam abrigados aqueles antigos companheiros de embarcação, todos apresentando horrível aparência. Henry olhou para si mesmo, para verificar se também apresentava aquela má aparência, e percebeu que não estava muito melhor do que eles.

Para sua alegria avistou Edward e se dirigiu para o velho amigo. Para sua decepção, o amigo querido pareceu não reconhecê-lo, endereçando-lhe um olhar perdido, dando-lhe a impressão de que não o via. Sentiu enorme vontade de abraçá-lo, mas algo lhe disse para não fazê-lo. Continuou caminhando em direção a outro jovem, que o encarou com olhar mais frio, mas que não demonstrou reação violenta alguma.

Naquele instante levantou-se aquele mesmo antigo companheiro que há dias atrás demonstrara agasalhar imenso ódio, e encarando-o, perguntou se ele havia sido expulso do convívio daqueles que o protegiam, e que certamente haviam reconhecido que estavam enganados. Henry sentiu que não estava só, embora aparentemente ninguém o estivesse acompanhando, e, buscando coragem no fundo de seu coração, se colocou à frente daquele jovem que trazia ainda o enorme ferimento na garganta, dizendo que solicitara permissão para se juntar a eles, pois também sucumbira naquela batalha, e não havia motivos para não se ajudarem, pois era isso que faziam sempre que alguém precisava um do outro.

Um forte golpe foi desferido em seu rosto, e Henry caiu cambaleante diante da onda de energia odienta que se fez presente. Seu primeiro impulso foi o de reagir, mas Thomaz, se fazendo visível apenas ao filho, pediu que ele não reagisse, e que elevasse seu pensamento a Jesus, pedindo forças e coragem para poder demonstrar que ali estava na condição de irmão. Foram momentos de imensa angústia, pois diante da não reação do antigo comandante o grupo ficou surpreso, e o próprio agressor foi contido por alguma força que ele não sabia distinguir.

Henry, em grande esforço, procurou se levantar e, conduzido espiritualmente por Zenóbio, dirigiu-se ao grupo pedindo perdão pela sua insensatez. Foram muitos apupos, vaias, gestos obscenos, gritos, palavras ofensivas, enfim, a reação do grupo foi estridente e ameaçadora. Henry sentiu no fundo de seu coração o impulso sagrado emanado pelo Instrutor Espiritual que o acompanhava, e se calou, deixando que a sua vibração fizesse a diferença.

O tempo transcorrido nem foi sentido por Henry, pois estava completamente escudado pelo novo Amigo Espiritual, até que um componente do grupo dos revoltados se dirigiu a ele, fazendo uma proposta.

– Nós estamos aqui doentes, sem cuidados, com fome e ninguém vem nos socorrer. Não sabemos o porquê, mas você pode provar que de fato se preocupa conosco, indo buscar socorro para podermos continuar nosso caminho. Dizendo isso tentava mostrar aos demais que Henry estava simulando arrependimento que de fato não existia.

Henry pensou que seria muito fácil conseguir tudo isso, pois bastava pedir a Zenóbio que fossem designados enfermeiros para aquele local e tudo se resolveria. Mas, não tinha a percepção de que aquela aparência do grupo era o reflexo do estado emocional daqueles espíritos, e que não seria enfermeiro algum que faria aquele milagre!

Zenóbio, que acompanhava aquele difícil diálogo, penalizou-se com a ingenuidade de Henry, pois conhecedor que era dos caminhos necessários para se tocar o íntimo de um espírito revoltado, sabia que aquela seria uma árdua tarefa que aquele recém-chegado teria de enfrentar, a fim de iniciar um processo de renovação íntima e também daquele grupo pelo qual ele se sentia responsável.

Zenóbio conduziu Henry ao Departamento de Reconstrução Espiritual, pois naquele setor havia as alas em que aqueles que apresentavam condições de iniciar esse processo permaneceriam durante o tempo necessário para conseguir o progresso almejado.

Ao contrário do que Henry imaginou, a "cura" que seus companheiros de desdita esperavam não se daria como em um passe de mágica, mas deveria ser o resultado de um longo processo de reconstrução das imagens cristalizadas em suas mentes, não só referentes à última encarnação, mas também as de existências pregressas, onde deram causa ao efeito reparador.

Dessa forma, Henry foi convidado a um treinamento rápido, a fim de poder se integrar à equipe que iria iniciar o atendimento a seus companheiros, na qual ele deveria se colocar nos trabalhos que seriam determinados por Zenóbio. E assim, após poucos dias de preparação dedicada, mesmo se sentindo inseguro, viu chegada a hora de iniciar aquela tarefa que lhe daria oportunidade de buscar o perdão daqueles que um dia conduzira para as amarguras da desencarnação prematura.

Capítulo 8

Enfrentando novos desafios

Aquela pequena caravana de servidores do Cristo iniciou seu trajeto rumo aos galpões que abrigavam os irmãos que formavam aquela família do mar, que aparentemente tinha laços de união, mas, diante do infortúnio, apresentava seus verdadeiros sentimentos, mostrando que assim como acontece na Terra, quando as dificuldades se apresentam, o ser humano revela seu verdadeiro "EU" interior.

Zenóbio se apresentou àqueles irmãos desestruturados, e de imediato, levantou-se o mesmo jovem que esbofeteara Henry, que se autodenominou o líder do grupo. Apresentou-se de forma arrogante.

– Sou John, e já vou avisando que estamos

esperando que se cumpra a promessa daquele que causou todo este dano a todos nós. Veja em que situação nós estamos, por culpa exclusiva daquele que nos levou à morte.

Zenóbio, com sua experiência e com todo o amor que nutria pelos irmãos desafortunados, o convidou a uma conversa esclarecedora a respeito do atendimento que todos receberiam, a partir daquele momento.

Envolvido pela aura de energia daquele Espírito Fraterno, John não apresentou resistência e, então, pediu aos companheiros que fizessem silêncio para ouvirem o que lhes seria dito. Dessa forma, alguns sentados, outros deitados silenciaram, porém, a desconfiança ainda reinava no ambiente.

– Meus irmãos – disse Zenóbio, nosso Pai Criador ama a todos indistintamente, e oferece a ajuda divina em todos os momentos, onde quer que estejamos. Por essa razão, uma equipe socorrista aqui se encontra, composta por médicos, enfermeiros, e irmãos que vieram para realizar todo o trabalho que se fizer necessário. Mas, será preciso que cada um de vocês demonstre o desejo de se melhorar, de se refazer, para que o resultado esperado seja alcançado por todos.

Dito isso, Zenóbio acenou para que a equipe adentrasse ao ambiente. Mas, ao avistarem Henry, teve início um pequeno tumulto, que foi contido de imediato por Zenóbio, quando se dirigiu ao líder de maneira enérgica, relembrando que tinha sido Henry quem buscara o socorro, inclusive se preparando para poder ajudar como fosse necessário.

John, desculpando-se com Zenóbio, deixou claro que nenhum deles confiava em Henry, e que, se mesmo assim ele quisesse permanecer ali deveria reconquistar a confiança perdida, bem como a estima que ele fizera naufragar junto com a embarcação em que estavam naquele momento fatídico da desencarnação de todos eles.

Diante do clima de insegurança, Henry, por momentos, sentiu-se fraquejar no seu propósito, mas de imediato, sentiu a presença do pai que o abraçou dizendo: – Coragem, meu filho! Força para iniciar a sua reconstrução espiritual.

Iniciado o primeiro contato com os marinheiros, a equipe socorrista improvisou pequeno ambulatório onde instalou os aparelhos necessários ao tratamento de cada um deles. Na condição em que se encontravam aqueles espíritos, o atendimento era bem semelhante àquele que receberiam na Terra, caso ali estivessem.

Com imenso carinho, os médicos iniciaram as suturas, as cirurgias que se faziam necessárias, atuando no perispírito de cada corsário que ao ser tratado da forma, da aparência, entendiam que "ficariam curados", e então demonstravam melhora imediata.

Foram atribuídas a Henry as tarefas mais simples, como limpeza do ambiente, e cuidado com aqueles que se encontravam mais debilitados, necessitando da alimentação básica que era oferecida naquela situação espiritual em que se encontravam.

Os marinheiros mais revoltados não perdiam a oportunidade dos apupos a Henry, mas com a constante assessoria espiritual de pai Thomaz, ele recebia aquelas ofensas e desacatos com dignidade. Estava bastante difícil se manter naquela posição de resignação, e ele sentia que, sem a proteção de Zenóbio e de seu pai Thomaz, iria sucumbir naquela empreitada.

Mas, como querer é poder, os momentos mais difíceis

começaram a ser superados. Ao se verem medicados e cuidados pelos médicos, alguns corsários "baixaram a guarda" e começaram a modificar aquela forma grosseira e violenta que apresentavam. Iniciava-se assim a segunda fase do tratamento. Aquela em que todo o grupo deveria ser conscientizado dos reais motivos pelos quais ocorrera a desencarnação.

Zenóbio retornou após ser concluída aquela primeira fase da tarefa, convidando John a reunir os homens para uma pequena palestra, que seria proferida pelo Instrutor Sérvio. Ele pediu ao líder que convidasse todo o grupo, pois a eles seriam oferecidas palavras esclarecedoras e amigas.

Naquela tarde se fazia visível e significativa a melhora na energia reinante naquele ambiente que ainda se encontrava impregnado de vibrações pesadas. O grupo de desencarnados se preparava para ouvir esclarecimentos que revolveriam o íntimo de cada um, no propósito de buscar as causas arraigadas no arcabouço espiritual de todos.

O Instrutor Sérvio acomodou-se em um espaço improvisado, um pouco acima do nível do chão, e com simpatia e simplicidade cumprimentou a todos.

Meus irmãos em Cristo!

Agradecendo ao Pai Maior, a oportunidade de poder reencontrá-los nesta tarde, eu sinto enorme alegria em ver que muitos de vocês já se encontram curados das lesões que sofreram no corpo físico, mas que conservavam ainda em seu perispírito. Deus, o Sublime Criador, oferece a cada um de seus filhos a oportunidade da cura e da transformação de toda lágrima em sorriso, quando a compreensão de Suas Leis atinge nossa mente e renova nossos sentimentos.

Queridos amigos, não coloquem toda a culpa do ocorrido naquele que, temporariamente, recebeu a atribuição de chefiar a equipe. Todos vocês eram mobilizados pelos mesmos sentimentos de ganância, almejando o tesouro representado por simples objetos materiais que enriquecem os usurpadores, mas os colocam em débitos seculares perante a Lei de Causa e Efeito. Todo infortúnio tem raízes no passado espiritual. A ninguém é dado pedra no lugar de pão. Não se esqueçam disso. Cada um de vocês já viveu o outro lado da moeda, já ceifou vidas inocentes a pretexto de atingir seus interesses escusos. Saibam que quando foram reunidos pela lei de sintonia, todos se preparavam para se expor aos mesmos perigos que no passado os tornaram réus nesse processo que hoje se sentem como vítimas.

É chegado o momento em que Deus Nosso Pai Maior os convida para a reflexão desta longa jornada de equívocos, e na Sua bondade infinita, permite que cada um de vocês encontre o auxílio junto dos irmãos Instrutores que os orientarão acerca desta oportunidade de reflexão e de aprendizado. Não percam vocês este divino convite, pois depende somente de cada um de vocês o início de uma nova era para seu espírito.

Agradeçamos a Deus por esta oportunidade, dizendo do fundo de nosso coração: – Pai Maior, aqui estamos nós diante da sua grandeza para agradecer o sublime convite que nos é feito e que tudo faremos para lutar contra a resistência e o temor de enfrentar o passado. Sê conosco Senhor, amparando-nos e protegendo-nos nesta luta interior.

Terminada a reunião, brisa suave pairava no ar, envolvendo todos os presentes, que registravam cada qual dentro de sua capacidade de entendimento, a riqueza daquela mensagem. Os semblantes variavam da surpresa até a emoção, e o silêncio era quebrado por algum soluço tímido, ou suspiro profundo que identificava que as palavras haviam tocado fundo aqueles corações.

John como sempre se mantinha mais frio, embora sentisse seus companheiros tocados, ele não teve ânimo para conversas naquele momento. Sabia que dentro de pouco tempo seria chamado por Zenóbio, e já imaginava o que lhe seria perguntado. Recordou-se das inúmeras vezes em que Henry se mostrara seu amigo, e o quanto ele se preocupava com as divisões das conquistas, procurando levar a todos o seu quinhão, chegando mesmo a se indispor com os oficiais, quando percebia que seus companheiros estavam sendo lesados pela nobreza insaciável.

Essas lembranças começaram a tomar forma em sua mente, pois eram muito fortes. Sem perceber, ele transmitia ao grupo aquele sentimento que tomava conta de seu ser, e notava que alguns companheiros iam se aproximando, depois mais outro e outro, até que o grupo estava todo reunido.

Naquele instante, levantou-se o mais velho deles e pediu para falar.

– Na qualidade de homem mais velho deste grupo quero perguntar a vocês se concordam com o que ouvimos há pouco. Enquanto ouvia, eu sentia que tudo aquilo é realidade, que na revolta procuramos achar um Judas para culpar, mas que no fundo o que o Espírito Iluminado disse é a pura verdade. Mas, agora fica a dúvida. – O que fazer? Como vamos continuar vivendo? Já vimos que morremos para o corpo, mas que continuamos vivos por aqui, sem saber que rumo tomarmos.

John ouviu aquelas palavras e observou a reação dos demais. Esperava alguma manifestação, mas nada aconteceu. Ele resolveu, então, tomar uma atitude. Pois bem, vamos chamar Zenóbio e perguntar a ele o que será de nós agora.

De imediato Zenóbio se fez presente, pois, embora aqueles espíritos mais despreparados não conhecessem ainda os mecanismos maravilhosos existentes na Espiritualidade, todo pensamento emanado é como um livro aberto, e aos tarefeiros é dada a possibilidade de conhecer todos os mecanismos existentes em favor do Bem.

Zenóbio, generosamente, mostrou a todos que, a partir daquele momento aquele que desejasse sinceramente buscar seu crescimento espiritual seria acolhido aos vários grupos de aprendizado e tarefas, onde cada qual iria tomar conhecimento de seu passado, enriquecendo o seu presente e preparando o seu futuro.

Feito o convite, aqueles que aceitaram a oportunidade oferecida se aproximaram. Para surpresa de John apenas a metade do grupo se decidiu buscar novos horizontes. Os demais deixaram o recinto, sem nada dizer.

Zenóbio, dirigindo-se a todos, informou que iria, a partir daquele momento, buscar os grupos de orientadores, os quais os auxiliariam nas recordações e, consequentemente, na análise dos novos rumos que seriam dados às suas vidas.

Nesse momento Henry foi chamado a integrar o grupo, e para sua alegria foi recebido de forma diferente. Sentiu que aquele ódio que tanto o atingira havia diminuído, e mesmo sentindo-se culpado, um leve sentimento de esperança o envolveu.

Todo o grupo foi levado ao pavilhão de Reconstrução

Espiritual, como aconteceu com Henry, para que a partir daquele momento cada um pudesse fazer sua viagem de volta ao passado. Todos sabiam que a partir dali enfrentariam sua própria realidade espiritual, uma tarefa que exigiria muita coragem.

Havia chegado a hora de Henry, efetivamente, enfrentar as consequências de seus atos com relação à sua família. Enquanto ele era colocado diante de seus antigos companheiros para iniciar a reparação do mal praticado, os Amigos Espirituais fortaleciam sua mãezinha, assim como a esposa Anne. Ambas haviam sofrido perseguição das famílias dos marinheiros que, culpando Henry pela tragédia transferiam seu ódio, de alguma forma, àquelas duas mulheres que sofriam as mesmas dores que os demais.

Em um primeiro momento, o desespero tomou conta daquelas duas almas que se viram desprotegidas e assustadas, mas agasalhando em seus corações a fé imensa, criando assim a serenidade necessária para poderem recomeçar.

Capítulo 9

Reencontro com a família

Henry se preparou para visitar a família, recebendo dos Amigos Espirituais as orientações necessárias para aquele encontro tão aguardado. Sentia enorme aperto diante da incerteza do que encontraria.

Não tinha noção ainda do tempo decorrido desde que deixara as vestes físicas. Em seu entendimento tudo tinha acontecido muito rapidamente, e em seu íntimo guardava as lembranças de sua última despedida da esposa, da última conversa em que ela falava de sua imensa vontade em ser mãe, dos pedidos que ela lhe fazia para mudar de vida...

Enfim, chegou o momento do retorno. Henry estava angustiado, temeroso, e quando foi informado que iria junto a um pequeno grupo, do qual fazia parte também o querido amigo Edward que já o perdoara, sentiu-se mais fortalecido. A pequena caravana contou com o apoio de dois Amigos que já há algum tempo os auxiliavam com sua experiência e sabedoria. Os dois jovens, Tito e Túlio conservavam seus nomes da época em que viveram em Roma, e guardavam agradáveis recordações em seus corações.

Após percorreram algumas regiões inóspitas, adentraram a atmosfera terrena onde as emanações se tornavam diferentes, mais espessas. Seguiram de imediato a Plymouth, chegando aos arredores daquele vilarejo que eles tão bem conheciam que já não apresentava o mesmo brilho, pois desde a desencarnação de vários de seus moradores passou-se a respirar a tristeza de mães sofridas e viúvas desoladas.

Ao chegar àquela pequenina casa onde vivera com Anne, percebeu sua mãe cuidando de uma criança que aparentava quatro anos de idade. Ficou surpreso, pois não a conhecia, e mais surpreso ainda ao ver que a criança a chamava de vovó. Sentiu suas forças faltarem naquele instante. Tito amparando-o, disse: – Meu amigo, esta foi a razão pela qual viemos aqui. Após as mudanças que você foi capaz de realizar em seu íntimo, era chegado o momento de você poder sentir que a sua falta fora minimizada com a chegada deste ser pequenino que veio preencher o enorme vazio deixado com sua partida. Henry ainda estava atônito e Tito continuou:

– Meu caro, quando vocês se despediram e Anne lhe disse que gostaria muito de ser mãe, o filhinho querido já estava a caminho, mas ela ainda não sabia. Alguns dias após sua partida ela descobriu a gravidez, e ficou sonhando com o dia de seu regresso para poder lhe dar a boa notícia. Mas, não foi possível, pois ocorreu sua desencarnação. Naquele momento de dor imensa, ela teve de buscar forças na fé e no amor ao Pai para poder superar toda a tristeza, todo o sofrimento. O sonho dourado de Anne veio em um momento muito difícil em sua vida.

– Mesmo esperando o bebê, suportou ofensas, perseguições, enfrentou com altivez as palavras amargas e degradantes com as quais foi agredida moralmente. Diante da necessidade sua mãezinha deixou a casa que ela tanto amava, e veio junto da nora para poderem, juntas, recomeçar a vida, preparando um ambiente menos amargo para a chegada daquele filhinho que ela tanto desejou.

Henry sentiu-se punido naquele momento. Como foi irresponsável, não ouvindo os vários apelos de Anne para mudar de vida!

– Por que não aceitou as ponderações daquela mulher maravilhosa, com quem compartilhava o lar? Por que meu Deus!? Foram longos momentos de dor e de arrependimento, de lágrimas e de sofrimento.

As crianças, que surpreendem sempre os adultos com sua sensibilidade, demonstram normalmente sua espiritualidade, e assim foi também com o filhinho de Henry, que disse:

– Vovó, deixa aquele marinheiro entrar aqui. Ele está parado na porta. Entre, venha conhecer mamãe! Venha ver meu brinquedo! Venha!

Nesse momento Anne correu até a porta, mas nada viu. Apenas sentiu forte emoção e seu coração bateu de forma descompassada. A sogra sentiu as lágrimas correrem em sua face, e de imediato teve a certeza de que seu filho ali estava, e assim fez o convite:

– Anne, vamos fazer uma oração? A pequena criança, sem saber o porquê, postou suas mãozinhas e quando viu a mãe e a avó ajoelharem-se e olharem para o céu, fez a mesma coisa. Nesse instante disse para a mãe:

– Mamãe, o marinheiro está chorando! Não chore não, venha fazer a oração também!

Foram momentos inenarráveis para aquele espírito em aprendizado, que naquele instante teve oportunidade de avaliar a real situação em que se encontrava sua família. E, o que mais o tocou foi saber que era pai, e que sua Anne lutava com grande dificuldade para poder oferecer ao filho o básico para seu crescimento físico e moral.

Assim como Henry foi ter com sua família, Edward, seu dileto amigo dirigiu-se à sua casa e ali avistou Margareth, que naquele momento cuidava da filhinha amada.

Ele, na condição de pai carinhoso, abraçou a pequena que sentiu algo diferente, mas como criança, não conseguiu identificar naquele instante, isolada que estava pelos Mensageiros da Caravana Espiritual.

Havia a necessidade de uma preparação no lar, visto que Margareth havia se consorciado com um jovem pescador que era apaixonado por ela desde a infância, mas nunca havia revelado seu amor em respeito a Edward.

Foi nesse momento que, generosamente, Túlio envolveu Edward em energias serenas para que ele, ao tomar conhecimento de como estava constituído agora o seu lar, não se deixasse abater ou mesmo fosse tomado por sentimento de ciúme ou revolta. Foram momentos de emoção em que todo o grupo se acercava de Edward transmitindo a ele forças e resignação para que a nova realidade não o fizesse resvalar pelos caminhos tortuosos da mágoa e do ressentimento.

Feita a singela oração pedindo a proteção de Jesus, todos sentiram a serenidade reinar naquele espírito que se viu cercado de luz e de amor, e assim, embora chorando muito, conseguiu aproximar-se de Margareth e da filhinha amada.

Foi, então, que ambas puderam sentir a presença do esposo e pai querido, pois naquele instante a Espiritualidade já havia criado condições para isso.

Edward, embora chocado, mas fortalecido em seus sentimentos, agradeceu a Jesus por sua amada esposa estar protegida por alguém que a amava, e que ele sentia amava também a filhinha que tão cedo viu o pai querido deixar o lar para sempre.

Os demais membros daquela caravana também visitaram os antigos lares, todos acompanhados por Servidores do Amor que lhes davam a sustentação necessária, a fim de que nada pudesse ocasionar uma queda na compreensão que todos eles estavam procurando adquirir, diante dos fatos imutáveis.

Passadas as primeiras emoções, aquele grupo de marinheiros, que teve a oportunidade de reencontrar seus afetos mais queridos, retornou à Colônia Navegantes, onde doravante iniciariam um período de oportunidades para que o trabalho e o aprendizado pudessem levar a eles o crescimento necessário ao preparo para novas experiências terrenas.

A partir daquele dia, Henry, Edward e mais alguns companheiros, decididos a se regenerar diante dos abusos cometidos, puderam se engajar em grupos de trabalho dirigidos por Instrutores

Espirituais que os acompanhavam em seus primeiros atendimentos aos recém-chegados.

Assim transcorreram algumas décadas, sendo que o amadurecimento espiritual oferecia a cada um deles a oportunidade do retorno à vida física. De quando em quando um deles despedia-se com muita emoção, informando que havia chegado o momento do retorno ao palco da vida, para a continuidade das experiências.

Henry ainda não se sentia preparado para solicitar uma nova oportunidade. Com o passar do tempo, era convidado a se decidir a retornar à Terra. Sua mãe já havia retornado ao Plano Espiritual, e ele teve a permissão de recebê-la, juntamente com seu pai Thomaz e de vez em quando retornava à Terra, visitando o antigo lar que agora já contava com a presença de duas jovens filhas de Anne, fruto do seu segundo casamento.

O filho de Henry, agora homem feito, havia constituído sua família, e se dedicado ao trabalho, ostentava uma bela educação que lhe foi oferecida pela dedicada Anne, que sempre primou pela gentileza, pela afabilidade. Como mãe dedicada, orientou seus filhos, guiada pela fé imensa que sempre a motivou.

Com o passar dos anos, Henry se conscientizou de que precisaria retornar às veredas terrenas para procurar o caminho da redenção. Sabia que iria enfrentar situações das mais difíceis, até que, burilando o espírito impetuoso, alcançaria a serenidade.

Capítulo 10

Preparando-se para nova experiência terrena

Nova etapa se apresentava a Henry. Havia se passado três anos desde que seu amigo Edward retornara ao palco terreno, e ele sentia que havia chegado o momento para sua decisão. No fundo de seu coração sabia que não devia protelar mais o retorno.

Anne há algum tempo estava na pátria espiritual. Sua mãe e seu pai haviam reencarnado. Todos buscando a evolução espiritual. Ele tinha a certeza de que Deus, o Pai Amantíssimo, haveria de encaminhá-lo ao local certo.

Diante dessa vontade demonstrada, Henry foi convidado à entrevista que normalmente ocorre quando alguém manifesta o desejo de regressar à Terra.

Ele foi recebido por Sérvio, que o acompanhou durante aquelas décadas ali vivenciadas. O bondoso Instrutor, que no momento coordenava o Departamento da Reencarnação, o ouviu com todo carinho e em seguida o convidou a buscar o mapa de sua situação espiritual.

Para a surpresa de Henry, ali havia apontamentos extremamente detalhados de todos os seus atos praticados em encarnações pregressas. Fatos que no momento ele não dera importância, mas que apareciam agora como feitos que interferiram de maneira intensa nos acontecimentos das vidas subsequentes a eles.

Após analisar suas vivências anteriores, sob o olhar carinhoso de Sérvio, compreendeu que teria a oportunidade de enfrentar algumas situações que permitiriam a ele se redimir de faltas seculares e também daquelas mais recentes. Todo o comportamento que havia acarretado prejuízo a si próprio e aos seus semelhantes iria influenciar na escolha das provas que a partir daquele momento seria sua tarefa.

Lágrimas sinceras brotaram dos olhos de Henry, e agradecendo a Sérvio, solicitou a oportunidade de caminhar na longa estrada do planejamento reencarnatório. Recebeu a informação que, a partir daquele instante, os Instrutores Amoráveis daquele Departamento iriam buscar nos mapas específicos aqueles espíritos que comporiam sua próxima família, pautando evidentemente, esse planejamento, nas necessidades evolutivas que ele apresentava, enquanto espírito imortal.

Assim, após alguns dias, Henry foi convidado a conhecer a linha reencarnatória que seria ofertada a ele, e as situações mais importantes que se apresentariam em sua caminhada. Sérvio deixava bem claro que após todo o aprendizado ali desenvolvido, ele amealhava todas as condições possíveis para superar algumas questões arraigadas em seu íntimo, tais como: orgulho, vaidade, ambição, egoísmo, etc.

Foi informado ainda que ele reencarnaria em berço afortunado, porém, pobre de amor e de carinho familiar, em razão de ter agido, em sua última vivência terrena, motivado pela ambição e pela ganância. Agora, teria a oportunidade de conviver com pessoas ainda presas a essas mazelas. E assim, por meio dessa convivência singular, ele demonstraria à Justiça Divina se havia superado a tentação de cultivar a ambição e a ganância – essa erva daninha que normalmente brota no coração do aprendiz.

Henry mostrou preocupação. Perguntava com grande curiosidade: – Como faria para vencer as provas que lhe seriam conferidas? E se não conseguisse colocar em prática todos aqueles ensinamentos que lhe foram oferecidos? Como retornaria? Seria um fracassado? Um perdedor?

Sérvio o confortava com suas explicações, e em que deixava bem claro que o amor de Deus não falta jamais a nenhum de seus filhos, e que ele não estaria só nesse novo momento.

Naquela noite, em Florença, Itália, o jovem casal Navarro preparava-se para o repouso noturno, e como sempre faziam, conduziam a conversa para assuntos banais, os quais geralmente desembocavam em comentários referentes a dinheiro, posição social e o extremo cuidado que deveriam ter com criados e pessoas da "ralé".

Filhos de famílias abastadas eram mantidos sempre muito

distantes da população mais sofrida, e conservavam extremo orgulho de suas heranças, e seguindo as tradições, uniam-se por interesse financeiro, tal como acontecia, quando as uniões conjugais eram decididas pelo pai do rapaz e da moça, objetivando conservar as fortunas.

Tão logo adormeceram, foram convidados para um encontro na Espiritualidade, por meio de Sérvio que já os conhecia, pois ali estavam reencarnados o marinheiro John, cujo nome atual era Giácomo e Annunciata, que em existência anterior, na Inglaterra, fora apaixonada por Henry, e sentia imenso ciúme de Anne (esposa de Henry). Diante daquele amor frustrado, não se casou naquela ocasião, desencarnando algum tempo depois da desencarnação dele.

Foi um encontro surpreendente, pois Henry não tinha recebido nenhuma informação a respeito das pessoas que participariam daquela reunião no mundo espiritual. Ao reconhecer aqueles espíritos que foram convidados, não entendia quais os motivos que levaram os Instrutores a identificar neles os pais ideais para sua nova oportunidade de crescimento espiritual. Grande era sua curiosidade naquele momento. Sérvio os convidou para visualizarem o que lhes seria apresentado.

Na imensa tela que compunha o ambiente, em uma barraca simples, em um acampamento nômade, na antiga Mongólia, lá foi identificada uma família que sentia o peso dos anos, e mesmo assim precisava buscar sua sobrevivência, servindo aos seus senhores. De imediato, Henry, Giácomo e Annunciata se reconheceram naquela pequena família. Tal como aconteceria dessa vez, Henry era o filho daquele casal. Ele explorava seus pais de todas as formas possíveis, pois a cada um competiam algumas funções, e ele sempre astuto, se esquivava de suas responsabilidades, obrigando os pais a acobertar suas atitudes condenáveis, livrando-o de punições que poderiam inclusive ser mortais. Tinha como hábito subtrair pequenos objetos, sorrateiramente, se infiltrando junto àqueles que ingenuamente o acolhiam, e causando assim grande sofrimento e preocupação aos seus pais que por omissão ou fraqueza não enfrentavam o filho, ainda procurando protegê-lo, no que alimentavam seus maus hábitos.

Essa conduta acentuou ainda mais as falhas que cada um deles carregava em seu bojo espiritual. Quando reencarnaram em Plymouth não pertenciam à mesma família, mas tiveram uma convivência que, embora um pouco mais distante ainda, formou laços de comprometimento espiritual.

Cada um deles apresentava as mesmas deficiências morais, que os prejudicaram no passado, e novamente acabaram falhando em vários aspectos, sendo que a Annunciata de hoje, naquela existência pregressa foi vencida pelo ciúme intenso, sentimento este que a levou várias vezes a desejar a ruína de Anne, chegando mesmo a sentir prazer mórbido quando Anne ficou viúva. Ela foi preterida por Henry, pois ele amava Anne, desde muito jovem, e ela jamais aceitou essa perda.

Giácomo também pôde rever seu comportamento omisso e prejudicial na existência apontada, e também como John, pôde reconhecer suas falhas morais que o levaram a procurar, por meio da pirataria, a satisfação de sua ganância pelos bens materiais, provocando mortes e sofrimentos.

Quanto a Henry, tudo ficou muito claro, sua conduta

equivocada que já se arrastava há muito tempo precisava ser reformulada. E, certamente seria através de alguns fatores determinantes que seriam promovidos por aqueles que agora eram convidados a serem novamente seus pais. Durante os longos anos de aprendizado e trabalho desenvolvido na Espiritualidade, Henry desejava poder vivenciar seus novos propósitos, mas precisaria contar com o apoio daqueles que no momento seriam seus pais.

Sérvio, na sua longa experiência como Orientador, explanou com imensa clareza os caminhos que lhes seriam apresentados, nos quais, cada um deles teria a oportunidade de demonstrar que realmente todo o tempo passado na Espiritualidade os havia capacitado a alcançar a vitória nesses novos desafios. Aquele Mentor Amigo os envolveu em sentida prece, rogando a Jesus por aquele casal que despertaria na Terra agasalhando o forte desejo de se tornar pais.

O abraço carinhoso uniu aqueles espíritos que a partir dali se prepurariam para o reencontro que se fazia necessário, para que cada um deles conseguisse reescrever parte de sua história, dessa vez, com um colorido mais vibrante e luminoso.

Capítulo 11

O retorno de Henry

ALGUNS MESES SE PASSARAM, e naquela manhã Annunciata sentiu leve tontura e moderado enjoo, e se assustou. De imediato, Giácomo chamou sua sogra, mulher experiente que conhecia muito bem esses sintomas, a qual emocionada disse à filha que ela estaria grávida. Foram momentos de muita alegria para todos, pois tudo o que aquele casal desejava era receber em seu lar a benção de uma criança.

Durante a gestação, Annunciata esteve muito feliz, e junto com o marido imaginavam como seria a vida daquele filho, e já traçavam planos para sua infância e juventude. Como era comum na época, entre os mais abastados, a primeira preocupação era que viesse uma criança perfeita e saudável. E mais, a expectativa de que nascesse um filho homem era comum, principalmente em se tratando do primogênito.

Assim, finalmente chegou o momento de Annunciata dar à luz. As mulheres mais experientes geralmente confiavam naquela que achavam que tinha "o dom" de ser parteira, e a auxiliavam com as rezas e com o que fosse necessário para aquele ato.

Após algumas horas nascia o primeiro filho do casal. Tudo ocorreu da melhor forma possível. Depois de concluído o trabalho de parto, Giácomo foi chamado ao quarto para conhecer o filhinho, e uma grande emoção se apossou daquele coração, mas como era de uso comum, as demonstrações desse tipo eram tolhidas pela cultura da época. O amor e o carinho, geralmente, não eram acompanhados de efusivos gestos.

A escolha do nome, geralmente privilégio do pai, já estava definida. Giácomo, desde o momento da revelação que seria pai, já tinha em mente o nome Pietro. Sim, era um nome forte, e certamente seu filho seria um homem de caráter forte, como pedra.

Aquele lar haveria de se alegrar ainda mais, a partir daquele instante. Annunciata, auxiliada pelas serviçais, cuidava para que o esposo e o filho recebessem todas suas atenções. Pietro era uma criança saudável, alegre e inteligente.

Com o passar dos anos revelava ser muito carinhoso, e sempre que via o pai estendia seus bracinhos para ele, que nem sempre percebia essa afetividade, passando apressado para resolver as questões das terras onde realizava uma administração severa, tratando com dureza todos aqueles que trabalhavam sob o seu comando.

Florença era uma cidade esfuziante, onde a cultura atraía as inteligências mais brilhantes, e onde havia a ostentação de títulos e posição social. As famílias ostentavam seus brasões com orgulho, e Giácomo fazia questão de demonstrar que sua fortuna era sólida, e que sua família tinha poder.

Quando se dirigia às plantações, que se perdiam de vista, ele se sentia poderoso ao olhar para a imensidão dos trigais ou das videiras, culturas que o enriqueciam cada vez mais. Seu caráter, embora íntegro, tinha pinceladas de ambição, e mesmo já sendo uma das maiores fortunas de Florença, Giácomo buscava sempre ampliar seus horizontes financeiros. A esposa, dentro da condição comum à época, em que as esposas se mantinham à distância das reuniões financeiras ou políticas, procurava sempre agir dentro da sua posição social, organizando saraus ou festas que tinham o seu toque de requinte.

O caráter, de certa forma egoísta, que imperava naquela família mantinha-os distantes de movimentos populares. Eventualmente, abriam suas portas a algum artista tanto da música quanto da poesia e da pintura, pois Florença era naquela época um verdadeiro celeiro da cultura em seus vários aspectos.

Pietro crescia e, na sua ingenuidade, sentia-se um tanto deslocado naquela vida de ostentação, e sofria em silêncio quando presenciava atitudes grosseiras praticadas por seu pai, ou quando observava a forma com que sua mãe dirigia-se às criadas que a serviam com dedicação e obediência. Apesar de ser uma criança, Pietro tinha imensa sensibilidade, e mesmo sem ter muita noção de como as coisas aconteciam no mundo dos adultos, ele sentia que não havia amor nas atitudes de seus pais.

Capítulo 12

O retorno de Anne

Quando Pietro completara oito anos, chegou a irmãzinha para trazer mais alegria àquele lar. Na realidade, Annunciata não desejava ser mãe novamente, e a descoberta daquela gravidez, ao contrário da primeira, não a deixou tão feliz. Giácomo, por sua vez, sentia-se realizado, pois sempre desejou ter uma grande família, ao contrário da esposa.

A partir do nascimento de Nina, o humor de Annunciata começou a se modificar. O sentimento que a envolvia, longe de ser o amor maternal, comum às mulheres, se apresentava como algo indesejado, e os deveres de mãe a incomodavam profundamente. Delegou a uma ama de leite a função de amamentar a menina. Tornou-se mais áspera, mesmo com relação ao marido.

Ela tinha consciência que não sentia pela filha o mesmo amor que sentia por Pietro. E nada fez para mudar aquela situação.

Entre os irmãos existia enorme carinho, e o garoto, mesmo inconscientemente sentia necessidade de proteger sua irmã, como se algo lhe dissesse que ele deveria cuidar dela. Desde que a viu pela primeira vez, teve a sensação que já a conhecia.

Nina, desde muito cedo demonstrou imenso amor pelo irmão, e sempre que ele se aproximava ela se acalmava, e o sorriso apontava em seu rostinho, sempre que o via. Cuidada pelas amas, a menina crescia saudável, porém, sem receber o amor materno em toda a plenitude, e a atenção do pai também circunstancial.

Certa manhã, ao acordar, Pietro foi ter com Nina que já estava no jardim. Ela correu para abraçá-lo e já pronunciando algumas palavras, ela segurou em sua mão, puxando-o para perto da fonte que, majestosa, dava ao local uma visão paradisíaca.

Flores multicores cercavam aquela fonte de água cristalina na qual algumas estátuas formavam belo conjunto artístico. Formando um círculo em mármore esculpido com requinte, havia pequenos duendes e fadas que davam graça àquele local aprazível.

Com seu jeitinho meigo e carinhoso Nina disse ao irmão:

– Pietro, eu quero que você me levante para que eu molhe os pés nesta água, e quero que você também molhe os seus. Nós vamos poder brincar aqui, sem que mamãe nos veja. Sinto uma saudade muito grande do mar, aquele grande que engoliu a embarcação, você se lembra?

Pietro não entendeu o que a irmã estava dizendo, mas para não contrariá-la ele fez o que ela pedia. De vez em quando ela falava coisas que ele não entendia, pois considerava coisa de criancinha.

A essa altura, Nina contava quatro anos, e, Pietro contava doze anos. Ele já começava a compreender melhor as atitudes extremamente materialistas dos seus pais, percebia a aversão que a mãe sentia pela irmã, e tentava entender as razões de tudo aquilo. Às vezes tinha sonhos estranhos, acordava sobressaltado, e quando procurava explicações com sua mãe, ela dizia que sonhos eram fantasias que as crianças criavam em suas cabecinhas.

Capítulo 13

Pietro busca novos conhecimentos

Era comum às famílias abastadas daquela época a contratação de preceptores para garantir a formação intelectual e a educação das crianças, e assim Pietro, já há alguns anos, tinha aulas diárias com o Professor Giovanni, a quem se afeiçoara tanto que o considerava como um verdadeiro pai.

Pietro gostava muito de aprender, e o professor, vendo seu interesse oferecia a ele todo o conhecimento possível à sua idade. Aliada à inteligência de Pietro, existia a vontade de saber, que ele demonstrava em todo momento.

Àquela época o poderio da Igreja Romana era indiscutível, e de vez em quando Pietro ouvia seu pai e mais alguns amigos demonstrando sua indignação. Eles estavam inconformados com as altas somas que doavam à Igreja, no intuito de minimizar as chamadas "pequenas faltas cometidas". Ele não se atrevia a fazer perguntas a esse respeito nem ao pai, nem à mãe, mas em uma tarde, se encorajou e começou a fazer perguntas ao preceptor.

– Professor Giovanni, porque meu pai não me deixa dar nenhum pedaço de pão aos famintos que já vi pelas ruas de Florença quando vamos à Igreja, e diz que precisa oferecer muito dinheiro para não ir para o Inferno?

O professor sentiu o sangue gelar em suas veias. – Como iria responder a essa pergunta? O que poderia dizer naquele momento, sem causar imenso problema familiar? Pensou bastante no que responder, e disse ao menino que na aula seguinte lhe daria a resposta, pois naquele momento precisavam se aplicar na matéria do dia, que era bastante complicada para o entendimento.

Procurou ganhar tempo, porque não tinha o hábito de mentir, mas não poderia falar àquele garoto o que realmente pensava a esse respeito. Assim, conseguiu terminar sua aula, e já se preparava para se retirar quando Pietro lhe disse que no dia seguinte, a primeira coisa que iriam fazer seria conversar acerca daquele assunto.

– Meu Deus! Valei-me! O pobre professor desejava ir para bem longe, pois sentia que aquele era apenas o início de uma longa conversa, e que aquele menino não o deixaria em paz, se não ouvisse uma explicação plausível.

Assim, naquela noite, Giovanni apanhou seus livros didáticos, mas também buscou os livros de alguns filósofos, em especial os de Platão, pois gostava de estudar os pensamentos

Socráticos. Esperava encontrar ali os recursos para poder responder a Pietro, pois embora tivesse sua opinião formada, queria buscar recursos filosóficos para poder explanar, de uma forma mais sofisticada, aquele assunto extremamente delicado. Aquele homem íntegro, inteligente e racional não gostaria de colocar em risco seu trabalho, pois aquele tipo de assunto viria colocá-lo em uma situação muito delicada. Ele buscava uma forma empírica, objetivando que seu aluno não alcançasse naquele momento, as explicações detalhadas. Assim, ele poderia adiar por mais algum tempo aqueles comentários os quais viriam fortalecer o modo de pensar de Pietro.

Giovanni estudava as obras de Platão com imenso interesse, pois entendia aquela filosofia como elucidativa das bases do verdadeiro homem e sentia que o futuro haveria de mostrar leis diferentes daquelas, em que a Aristocracia e o Império Religioso sufocavam as grandes inteligências e tolhiam os grandes gênios em suas descobertas desbravadoras.

Naquela noite orou muito a Deus, pois era um homem que tinha a religiosidade na alma, embora vivesse distanciado dentro do possível do aparato da fé cega, ele buscava Deus em todos os momentos. Possuía uma fé racional, já naquela época, demonstrando que alguns homens já tinham em seu âmago vislumbres de algo que haveria de acontecer na Terra, para dar novo rumo à fé e ao conhecimento religioso.

Amanheceu, e após o desjejum que era sempre frugal Giovanni se dirigiu ao palácio dos Navarro, onde haveria de iniciar o trabalho do dia. Recebido pelos criados, o professor foi conduzido à biblioteca onde Pietro já o aguardava.

– Bom dia professor! O senhor trouxe as respostas para as minhas perguntas?

– Sim, meu filho! Vamos conversar um pouco lá no jardim? O silêncio ainda reina a essa hora, e junto à natureza poderemos falar das coisas de Deus.

– Pietro, Deus cobra alguma coisa pela luz e o calor do Sol?

– Ele nos pede alguma coisa em troca ao nos oferecer a bênção da chuva que purifica o ar e fortalece a terra; pela varredura das impurezas que o vento nos proporciona?

– Precisamos pagar pelo ar, pela água que necessitamos para viver?

Pietro balançava a cabeça em sinal negativo.

Giovanni, aproveitando a atenção do seu pupilo, segurou em suas mãos, e envolvido por uma doce energia que não sabia explicar, disse com serenidade:

– Pois então, meu caro, Deus nada cobra ou exige de nenhum de Seus filhos. Não oferece o céu nem impõe o inferno, nada cobra, não castiga nem premia, pois simplesmente nos ama, e oferece oportunidades de constante recomeço.

Mas, quero lhe dizer, em nome de nossa sincera e grandiosa amizade que esta conversa deve ficar entre nós, pois a crença imposta não aceitaria esta versão que alguns estudiosos aplicam à magnanimidade de Deus.

Pietro, inteligente e sagaz, compreendeu de imediato aonde o preceptor queria chegar. Ele sentiu agradável sensação a envolvê-lo, e comentou com Giovanni, que respondeu que nós nunca estamos sozinhos e que ele também sentia em muitas ocasiões alguém ao seu lado, embora não conseguisse enxergar.

Terminada a conversa, Giovanni percebeu que as explicações trazidas a Pietro não eram aquelas que ele havia planejado. Começou a pensar que havia algo errado consigo, pois preparara um tipo de discurso e acabou falando de forma diferente.

Retornaram à sala de estudos, e o assunto com o que iniciaram o dia acabou esquecido em um cantinho da alma de Pietro.

Mas, no dia seguinte, mal começaram a aula e Pietro olhando profundamente para Giovanni lhe disse:

– Professor, o senhor acha que existe mesmo o inferno? Por qual motivo alguém seria levado para lá? Quem é que decide quando alguém é condenado ao Inferno: são os homens aqui da Terra ou algum Santo, ou o próprio Deus?

Mais uma vez, Giovanni precisou parar e pensar no que iria responder. Para não entrar em detalhes, disse apenas que aquela não era a hora adequada para aquele assunto.

De retorno à sua casa, Giovanni novamente se pôs a pensar de onde aquele garoto tirava essas questões, uma vez que seus pais seguiam os dogmas que a Igreja impunha, e ele era ainda muito novo para filosofar.

Pietro, naquela noite em que o frio estava intenso, recordava que há alguns dias, uma criada, conversando com sua companheira na cozinha, dizia que nos lugares mais distantes da cidade havia muitas crianças que sofriam os rigores do inverno, além de enfrentar muito sofrimento, pois seus pais eram extremamente pobres.

Antes de adormecer, pediu em oração que Deus cuidasse daquelas crianças, e disse na prece que ele ajudaria a diminuir o seu sofrimento. Sentiu grande alegria somente em pensar que poderia fazer alguma coisa.

No dia seguinte, estampando aquele sorriso cativante, aproximou-se de sua mãe e disse:

– Mama, eu gostaria muito de ir àquele lado da cidade onde existem crianças com fome e com frio, e poder levar a elas alimentos e cobertores.

Annunciata ficou muito surpresa com o que ouviu, pois ela mesma nunca se preocupara com isso, e sempre pensou que seus filhos não poderiam se misturar com outro tipo de crianças. Perguntou ao filho:

– Como você sabe que existem crianças assim? Você nunca foi ao lado pobre de Florença!

Pietro, para não comprometer as criadas, pois gostava imensamente de todas elas, disse que havia sonhado e visto no seu sonho muitas crianças chorando, pedindo comida, pois que seus pais nada tinham para lhes oferecer.

Annunciata, que não era afeita a esse tipo de atitude, disse ao filho que veria como seria possível ajudar alguém, mas antes precisaria consultar o marido. Pietro sentiu que não seria muito fácil cumprir o que havia conversado com Deus na noite anterior.

Passados dois dias daquela conversa com a mãe, Pietro voltou ao assunto. Ouviu com tristeza que não havia ainda sido possível levar aquele assunto ao marido, pois ele estava tratando de uma grande venda de trigo, e chegava a casa bastante cansado e irritado. Annunciata procurou uma desculpa aceitável, mas sentiu que o filho ficara muito decepcionado. Ela, então, o convidou para tomar um refresco na cozinha para poder mudar de assunto.

Annunciata não tinha nenhuma sensibilidade quanto ao sofrimento de alguém. No seu mundo apenas havia a preocupação de poder receber da vida tudo aquilo que ela entendia como direito daqueles que haviam nascido em famílias abastadas, e aqueles que, por determinação de Deus, caberia o sofrimento, Ele os colocava no lugar certo.

Capítulo 14

Retornando ao passado espiritual

Mais alguns dias se passaram, e Pietro sentado em um canto do imenso jardim foi tomado por agradável sonolência. Acomodou-se junto ao tronco de frondosa árvore e adormeceu.

Naquele momento ele se viu em uma praia desconhecida, e ao longe avistou uma embarcação que lhe pareceu ser de uma época bem antiga. De repente, sem saber como conseguiu chegar até ali, percebeu que estava no convés, em um ponto mais retirado, de onde ouvia vozes alteradas. Sentiu-se integrado àquele ambiente, mas ao mesmo tempo estava afastado do grupo. Teve certeza de também ser um daqueles marinheiros, mas não se viu em meio àqueles corsários, os quais se vestiam de maneira peculiar.

Aqueles homens estavam se comunicando no idioma inglês, mas inexplicavelmente ele entendia o que eles falavam. Era uma discussão a respeito do ouro e especiarias que haviam saqueado. Aquele marinheiro mais exaltado não lhe era estranho! Quem seria? Sentiu nele algo familiar, mas sua fisionomia não lhe era conhecida. Ouviu apenas que o chamavam de John, e que alguns davam muito valor às suas palavras.

Decidiu aproximar-se com cuidado, para não ser visto. E, ao se colocar em um ângulo propício, conseguiu ver o rosto daquele marinheiro agitador. Nesse momento, olhando profundamente para aquele rosto, pôde reconhecer seu pai atual. Sim, era Giácomo, que apesar de estar vestido de forma diferente, era a mesma pessoa que hoje lhe dera a vida física, e disso ele teve a certeza. Ouviu palavras ásperas e ameaçadoras que aos poucos foram inflamando os demais. Sim, seu pai atual era o líder daquele motim!

Naquele momento alguém se aproximou um pouco mais, e pediu calma a todos, pois o capitão estava subindo ao convés. Ele não viu o capitão, mas teve a certeza de que fazia parte de tudo aquilo, algo lhe dizia que sua vida estava ligada a tudo aquilo que acabara de presenciar. Queria ver o capitão, mas despertou ao chamado de sua irmãzinha Nina que o abraçou dizendo: – Capitão acorda!!!

Pietro despertou aturdido com aquele sonho. E porque Nina lhe chamara de Capitão?

Perguntou à irmã se ela sabia o que era ser Capitão, e porque ela havia lhe dito aquilo.

Nina, em sua meiguice disse:

– Olhei para você dormindo e você me pareceu outra pessoa!

Estava vestido com roupas diferentes! E, ao seu lado estava um senhor todo vestido de branco, e ele me falou assim:

– Querida menina, a vida é um vai e vem de recordações.

– Sabe Pietro, eu já vi outras vezes este senhor bondoso e risonho aqui em nossa casa. Às vezes, ele está perto de nosso pai, outras vezes de nossa mãe. E muitas vezes ele está ao seu lado. Gosto muito dele e sei que ele também gosta muito de nós.

Aquele inverno chegava ao fim, e Pietro teve enorme frustração, pois não conseguiu sensibilizar sua mãe quanto ao sofrimento daquele povo miserável que ele ainda não conseguira auxiliar, mas que havia decidido – faria tudo para ajudar.

Com a chegada da primavera, Giácomo decidiu que a família ficaria por algum tempo na imensa propriedade rural onde ele precisava estar mais presente, pois sentiu que algumas coisas estavam fugindo ao seu controle. Camponeses estavam se rebelando diante de algumas situações, das quais ele não pretendia abrir mão.

Assim, naquela manhã primaveril, a família chegava à Villa Santa Luccia, nome dado à propriedade dos Navarro que já pertencia à família de Giácomo há mais de um século.

Pietro e Nina sentiram-se muito felizes quando ali chegaram. Tinham contato com os animais, com a natureza, e principalmente com algumas crianças.

Annunciata não gostava da aproximação de seus filhos com filhos de camponeses, mas Giácomo, que não era tão rígido nesse assunto, advertia a esposa a respeito de seu modo de pensar, e salientava sempre que ela não deveria proibir aquele convívio.

As criadas eram muito amadas por Nina e Pietro, que gostavam muito de ficar junto delas na cozinha, ouvindo histórias que elas contavam com muito entusiasmo, enquanto realizavam seu trabalho.

Júlio era apenas três anos mais velho do que Pietro, e que, por ser filho de um camponês não tivera a oportunidade de aprender a ler, como seu amigo. Isso incomodava muito Pietro que não aceitava ter privilégios.

Como era costume, o preceptor acompanhava a família em seu retiro no campo, pois a educação de Pietro não deveria ser prejudicada. E dessa vez Pietro havia decidido que pediria ao pai a permissão para que o Professor Giovanni também pudesse ensinar Júlio. Ele estava todo esperançoso. E, naquela tarde assim que o pai chegou, ele lhe disse:

– Meu pai, eu quero lhe pedir um enorme favor!

– Diga meu filho, o que é que você precisa?

– Para mim, nada, meu pai, mas para o meu amigo Júlio, sim.

– Júlio, o filho de Antonio?

– Sim, ele mesmo.

– Quero que o senhor permita ao nosso Professor que também o ensine a ler.

– Giácomo, naquele momento, sentiu o sangue ferver em suas veias. Não era possível que seu filho quisesse se igualar àquele pobre coitado do Júlio. Para que aquele filho de lavrador precisaria aprender a ler? De que serviria esse aprendizado a ele?

– Filho, de onde você tirou esta ideia? Este menino não teria nenhuma condição de aprender nada! Vivendo no meio onde vive, não terá nem tempo, nem vontade para isto! Ele não pertence à sua classe social, você não percebe?

– Meu pai, com todo o respeito que eu lhe tenho, eu quero

lhe dizer que talvez ele tenha mais vontade do que eu de aprender a ler. Vejo isto nas perguntas que ele me faz.

– Será que se eu tivesse nascido na casa onde ele nasceu eu teria esta vontade de saber? Será que ele terá, obrigatoriamente, de ser um camponês para o resto da vida?

– Aqueles que se revelaram nas artes, na cultura, todos nasceram em famílias abastadas? Todos receberam boa educação e bons conhecimentos?

Giácomo estava surpreso com a postura do filho. Ele nunca havia dado importância às atitudes de Pietro, que embora já praticamente um rapaz, nunca havia colocado seu ponto de vista com tanta ênfase. Embora contrariado, o pai no íntimo gostou da autoridade com que seu filho apresentava sua opinião.

Diante da surpresa, Giácomo acabou concordando com o pedido de Pietro, e autorizou o Professor Giovanni a iniciar o ensino a Júlio. Foi com muita alegria que Pietro agradeceu a seu pai, com os olhos úmidos, fato que passou despercebido a Giácomo, que era pessoa sem nenhuma sensibilidade.

Imediatamente, Pietro se dirigiu à casa de Júlio, e ali chegando foi informado de que o amigo não estava, pois, tal como fazia diariamente, ele levava a cesta com a refeição para seu pai que estava trabalhando no campo.

Naquele momento Pietro percebeu o quanto aquele amigo seria beneficiado com o aprendizado, e resolveu ir ao seu encontro para lhe dar a boa notícia.

Desde o sonho que lhe foi muito real, Pietro percebia que estava sentindo algumas coisas inexplicáveis, e era comum sentir que havia mais alguém junto dele, principalmente quando estava junto à natureza. E, dessa forma, no trajeto que o levaria ao encontro de Júlio, ele passou junto a uma cabana vazia, mas que estava com as janelas e portas abertas. A curiosidade o levou a entrar.

Havia apenas uma mesa tosca, alguns bancos e um velho fogão de lenha empoeirado. Pietro verificou que em um canto, sobre um pequeno aparador, havia uma imagem bem desgastada e resolveu se aproximar um pouco mais.

Uma sensação muito agradável tomou conta de seu coração. Ele sentiu que não estava sozinho, olhou para os lados imaginando que seria Júlio quem o vira ali e resolvera entrar para conversar. Mas, ao ver que Júlio não estava, perguntou em pensamento: – Quem está aqui?

Para sua surpresa, viu uma pequena luz que foi se ampliando até tomar a forma de um homem. Ele não sentiu medo algum. Pelo contrário, imensa paz o invadiu.

– Pietro, busque no fundo de sua alma, as recordações do tempo em que juntos estivemos na Pátria Espiritual, e você vai se lembrar do compromisso que assumimos. Os planos de trabalho que nós edificamos devem começar a ser executados. Hoje, quando você falava com seu pai a respeito de nosso amado Júlio, estávamos presentes. Sérvio e eu temos preparado o terreno do amor junto aos seus pais para que sua tarefa se torne possível junto aos mais necessitados.

– Mas, quem é você? Perguntou Pietro.

– Sou Túlio, tarefeiro que o Pai designou para juntamente podermos minimizar a dor e o sofrimento de muitos. Sérvio, nosso Instrutor, muito tem trabalhado para preparar nosso caminho na Seara de Jesus, mas já lhe aviso que não será fácil. Muitas lutas nos esperam, mas a fé e a confiança devem ser agasalhadas em seu coração, e a coragem que a fé coloca em todos aqueles que amam a Deus, fará com que as batalhas se tornem mais fáceis de ser vencidas.

Diante das palavras de Túlio, Pietro se encorajou para perguntar:

– Você estava ao meu lado quando tive aquele sonho com uma embarcação de piratas?

– Sim, aquele sonho nada mais foi que um retorno ao passado, e aqueles marinheiros que agiam sob seu comando são espíritos que têm imensa ligação espiritual entre si. Sei da sua curiosidade em saber por que você se sentia como membro integrante do grupo, mas ao mesmo tempo, se via distante, não é mesmo?

– É isso mesmo, meu amigo, minha certeza em conhecer todos eles já é real, porém, me fogem os detalhes. Você pode me ajudar a desvendar todo este mistério?

– Não há mistério algum. Em encarnação anterior, você se chamava Henry, e era o Capitão daquela embarcação. Serviam à Coroa Inglesa, e pela conquista de ouro de outros valores, lutavam, levando a morte e a destruição aos seus semelhantes. No retorno, havia a partilha, sendo que a maior parte ficava para a rainha, e você era encarregado de dividir o restante entre todo o grupo. Nessa divisão, a insatisfação era constante. Você era destemido, e colocava a vida dos seus marinheiros e a sua própria vida sempre em risco, tendo como meta conseguir cada vez mais vitórias e consequentemente mais riquezas. Assim, o tempo passava e a ambição crescia entre todos vocês. Muitos alertas eram dados por aqueles que o amavam, mas você não dava ouvido a ninguém. Já se sabia que outros navios piratas estavam preparados para batalhas com a marinha inglesa, mas mesmo assim, você arriscava suas vidas. E assim foi, até que naquela última viagem, o confronto com a embarcação inimiga, o mar revolto, a luta intensa, você ordenando que todos lutassem até o fim, o fim daquele grupo aconteceu diante de um quadro aterrador. As mortes, o naufrágio, enfim, você acabou se comprometendo por abreviar a sua vida e a de vários corsários que obedeciam às suas ordens.

Pietro, a tudo ouviu e, revivendo em sua tela mental todos aqueles quadros, entendeu os motivos que o haviam colocado ali, naquela família, em que haveria de resgatar débitos do passado, e de alguma forma, reconstruir laços de amor e amizade desfeitos por sua ambição e desamor.

Túlio, envolvendo Pietro com imenso carinho, ainda lhe disse:

– Meu querido irmão, você receberá todo o auxílio possível, mas as decisões serão sempre suas. Aproveite a oportunidade do trabalho-redenção. Júlio, nosso companheiro de longas eras, também fez parte daquele grupo. Naquela ocasião chamava-se Edward, sendo o amigo que sempre o compreendeu e o socorreu nos momentos de angústia e de incertezas. No momento devido você vai se recordar de algumas situações em que ele esteve ao seu lado, mesmo considerando erradas algumas de suas decisões.

Assim, Túlio se despediu, deixando Pietro envolto em energias benéficas de esperança e paz. Ele sentiu que uma nova fase se iniciaria em sua vida.

Capítulo 15

Início de uma nova fase

Pietro saiu rapidamente daquela cabana e dirigiu-se às plantações de trigo onde sabia que encontraria o amigo Júlio. Ao avistá-lo acenou feliz, pois a notícia que levava era motivo de grande alegria para ambos.

– Amigo Júlio, prepare-se para realizar seu sonho!

– Não me diga que você conseguiu!

– Sim, meu pai consentiu que o Professor Giovanni dê aulas a você também. Pelo menos enquanto estivermos aqui em Santa Luccia estará garantido o seu aprendizado.

– Vou rezar muito para que vocês fiquem bom tempo por aqui!

Assim, no dia seguinte, quando o Professor Giovanni se dirigia à biblioteca onde faria seu trabalho, ficou surpreso em ver o jovem Júlio, todo arrumado, ao lado de Pietro.

– Como vai, meu jovem?

– Professor, hoje é o dia mais feliz de minha vida, pois meu sonho começa a se realizar.

Pietro tomou a palavra dizendo ao Professor que seu pai, Giácomo, gostaria de conversar com ele, antes de iniciarem as aulas daquele dia.

Em seguida, Giácomo entrou na sala onde se encontrava aquele pequeno grupo e pediu que os jovens se retirassem por alguns momentos, pois gostaria de conversar a sós com Giovanni.

– Professor, eu sei que nosso contrato de trabalho se refere ao aprendizado de meu filho Pietro, porém, não pude negar um pedido dele em que senti toda a grandeza de seu coração. Trata-se do seu amigo Júlio, ao qual ele deseja muito poder auxiliar. Ele pensa que o amigo terá a mesma facilidade que ele tem em aprender, por esse motivo se empenhou muito para que eu permitisse que ambos pudessem estudar, sob seu comando. Tenho minhas dúvidas quanto à inteligência desse rapaz, mas a tentativa é válida. Qual sua opinião a respeito? Seria possível ampliar seu trabalho, oferecendo suas aulas também a Júlio?

Giovanni, acostumado a lidar com pessoas daquela estirpe, principalmente movidas pelo orgulho, respondeu com amabilidade e clareza, procurando utilizar as palavras certas, a fim de não contestar a opinião do seu interlocutor, porém deixando claro que tudo faria para que o novo aluno pudesse colher ótimo resultado.

– Sr. Giácomo, não terei nenhuma dificuldade em fazer meu trabalho atendendo aos dois jovens. A rotina diária não será a mesma para os dois, visto que Pietro já se encontra mais adiantado em seus conhecimentos.

– Se o aprovar, podemos iniciar hoje mesmo esse novo trabalho, e de início vou avaliar se Júlio já tem conhecimento de algumas letras.

Após a conversa, Giácomo chamou os rapazes e informou que tudo estava acertado.

Júlio, com olhos marejados, agradeceu emocionado o ato daquele homem que todos julgavam destituído de amor, mas que ele, a partir daquele momento, começou a admirar, pois percebia que ele não era tão insensível quanto todos julgavam.

A partir daquele dia, todas as manhãs eram utilizadas para o aprendizado, e Júlio demonstrava ter uma inteligência brilhante. Em pouco tempo já estava alfabetizado, e Pietro estava muito feliz em poder fazer os deveres escolares junto com o amigo.

Annunciata, como era peculiar ao seu temperamento, no início reprovou a atitude do marido, deixando claro que pessoas de classes sociais diferentes não deveriam se misturar. Para ela era muito difícil ter um olhar de amor àqueles que julgava serem inferiores. Mas, como a decisão já havia sido tomada, e pela imensa admiração que ela tinha por seu filho, acabou aceitando aquele ato que por ela era chamado de "generosidade".

A primavera cedeu lugar ao verão, e no início do outono, Giácomo resolveu retornar com a família a Florença. Pietro se preocupou muito, pois Júlio estava aprendendo com expressiva facilidade, e não seria justo ser abandonado naquela hora. – Mas, que fazer? Como resolver aquele problema?

Naquela noite, já se preparando para dormir, começou a conversar com Deus.

– Senhor, como eu aprendi com o Professor Giovanni, o Senhor é o Pai Amantíssimo que ama todos os Seus filhos da mesma forma. Então, por que meu amigo Júlio não pode ter o mesmo que eu tenho? Por que ele precisará agora perder a oportunidade de adquirir conhecimento nas matérias mais importantes para seu futuro? Ele que gosta de pintar, de escrever poemas, precisa de minha ajuda! Que fazer meu Deus, para que ele possa continuar a receber as aulas do Professor Giovanni?

– Naquele momento, ele sentiu que não estava sozinho. Sabia que alguém o ouvia. Sim, era Túlio que ali estava. Sua sensibilidade crescia cada vez mais, e agora já podia ver espíritos com naturalidade. Assim ele se alegrou ao ver o Amigo Espiritual.

– Pietro, confie! Como falamos, existe grande trabalho esperando por você e por Júlio, e nosso Pai Celestial vai permitir que a solução surja de forma brilhante!

Com o coração nimbado de esperança, Pietro adormeceu.

Na expansão da alma, que se verifica durante o sono físico, Pietro se deslocou à Colônia Navegantes, local onde ele havia passado longo tempo em aprendizado. Ali chegando percebeu que no imenso auditório que recebe centenas de visitantes, ele também estava sendo esperado para participar de importante palestra que seria proferida por Sérvio.

Caríssimos Amigos,

Que alegria nos reencontrarmos para mais um passo em

direção à efetivação dos planos de trabalho que idealizamos antes do seu retorno ao mundo físico! Todos vocês que aqui estão neste momento já iniciaram a nova fase que os convidará a tarefas edificantes na seara do bem. Vindos de vários pontos do Planeta, todos têm a mesma proposta de vida – Servir ao Mestre Jesus, dando sua contribuição para aliviar o sofrimento de nossos irmãos necessitados.

O Nazareno conta com o esforço de todos, para poder continuar semeando as mais belas sementes do amor, que Ele tão bem exemplificou! Vocês todos terão a oportunidade de demonstrar que todo o aprendizado que acumularam durante sua estadia nesta Colônia, agora será demonstrado através do trabalho na caridade em todos os seus aspectos.

Não se amedrontem diante das dificuldades. Não se abatam diante das ofensas e das privações. Muitas lágrimas serão derramadas em sua trajetória, mas elas serão a seiva divina que fortalecerá a plantação de novos tempos em nosso Planeta Terra.

Nós estaremos sempre juntos, e com Jesus no coração, ninguém se perderá. Guardem este encontro em sua mente espiritual, e boa sorte, irmãos. Deus vos abençoe sempre!

Naquela manhã Pietro acordou envolto em grande esperança de que algo garantiria a continuidade do aprendizado do seu querido amigo Júlio.

Passados alguns dias, Giácomo reuniu a família para anunciar a volta a Florença. O Professor Giovanni foi informado que dentro de dois dias todos deveriam estar prontos, pois as carruagens já estavam sendo preparadas para o retorno.

Nesse momento, Giovanni, que era dotado de enorme sensibilidade, pediu permissão para conversar com Giácomo, no que foi prontamente atendido.

– Senhor Giácomo, nestes meses que tenho ministrado aulas ao jovem Júlio, pude perceber que realmente estamos diante de uma pessoa dotada de significativa força de vontade, e grande facilidade para apreender tudo o que lhe ensinei. Diante disso, vejo que Pietro também cresceu muito em seu aprendizado, pois ambos hoje têm condição de discutir assuntos referentes à astronomia, matemática, botânica, dentre outros. Gostaria de pedir sua permissão para levar Júlio para residir em minha modesta casa, a qual o senhor gentilmente cedeu para minha morada.

Mais uma vez Giácomo se viu diante de uma situação inesperada. Concordar ou negar?

Naqueles meses que conviveu mais de perto com Júlio afeiçoara-se ao rapaz, e percebeu que ele apresentava maturidade em suas atitudes, e profundo respeito por todos que o cercavam. Pensou por alguns instantes, dizendo em seguida:

– Eu concordo desde que ele tenha algumas responsabilidades a cumprir lá na cidade.

E assim foi feito. Giácomo chamou o pai de Júlio informando-lhe que seu filho poderia acompanhá-los desde que ele seguisse à risca as normas e disciplinas que lhes seriam apresentadas. O pobre homem se alegrou com a possibilidade do filho ter uma vida diferente da sua, conhecendo um mundo que para ele fazia parte apenas dos sonhos. Sabia que tudo o que seu filho queria era ter uma vida melhor.

Capítulo 16

Nova fase na vida dos amigos-irmãos

A FAMÍLIA NAVARRO RETORNOU A FLORENÇA, retomando a sua rotina diária, mas com um diferencial. Pietro já mais amadurecido e seguro sentia que sua vida tinha um ideal maior. Ainda não tinha plena noção do que seria, mas sabia que algo marcante estava programado para ele.

Nina crescia com a meiguice natural dos espíritos preparados para a renúncia, e a cada dia mais admirava seu irmão pelas atitudes generosas que ele demonstrava. Se por um lado, sua mãe não lhe devotava o carinho que ela esperava, seu pai demonstrava preocupação com o seu futuro, e mesmo não sendo comum, partiu dele a determinação ao Professor Giovanni que a filha também deveria receber a escolaridade que Pietro e Júlio já absorviam com grande aproveitamento.

A vida corria rotineira, e assim Pietro e Júlio chegaram à maturidade. Júlio auxiliava em algumas tarefas do palácio dos Navarro, porém tinha um tratamento diferenciado, pois gozava da grande amizade de Pietro e da admiração de Giácomo, que conquistara com seu comportamento sempre discreto e solícito.

O Professor Giovanni, em todos os anos de convívio acabou desenvolvendo grande amizade pelos dois estudantes, e ao longo do tempo, os temas filosóficos começaram a fazer parte dos estudos. Sócrates e Platão eram estudados com muito interesse pelos dois amigos, que sob a orientação de Giovanni, absorviam com muita naturalidade a filosofia do amor em todas as suas nuances.

O pai de Júlio sempre sonhou em ver o filho ingressar em um Seminário para poder servir ao Cristo, como padre. Ele também chegou a ter esse objetivo, porém, com o aprofundamento dos estudos filosóficos, acabou se decidindo a servir a Jesus de outra forma. Pensava que ao viver no mundo, estaria servindo ao mundo.

Da mesma forma Annunciata, conversando com Giácomo, mostrava grande desejo que o filho se interessasse pelo sacerdócio, no que era contrariada, pois o marido desejava que Pietro seguisse seus passos, cuidando da Villa Santa Luccia, e da imensa produção que ali se verificava.

Pietro tinha gravado em sua mente espiritual não somente alguns sonhos que lhe trouxeram revelações do passado culposo, mas também aquela assembleia de luz, em que o Instrutor Sérvio exortara não somente a ele, mas também a outros tantos encarnados, a iniciar as tarefas no Bem. Já há algum tempo sentia que em alguns momentos suas mãos pareciam aumentar de tamanho, e apresentavam temperatura elevada.

Certa vez, Nina se queixava de intensa dor de cabeça. Ele, em um impulso, colocou suas mãos sobre a cabeça da irmã e sentiu muita vontade de orar a Deus. Instintivamente, pediu por ela e sentiu que suas mãos emanavam calor. Em seguida, Nina revelou que a dor havia passado totalmente, e relatou que sentira um calor envolvente, e parecia que das pontas dos dedos do irmão saíam faíscas.

Por sua vez, Júlio também tinha algumas sensações até então desconhecidas.

Começou a ouvir uma voz suave que lhe pedia para auxiliar crianças que sofrem. No início ele questionava: – Que crianças seriam aquelas?

As aulas do Professor Giovanni já não tinham para eles a mesma rotina. Agora era Nina quem recebia os ensinamentos, pois os dois rapazes já buscavam ampliar seus conhecimentos por seus próprios meios, mas sempre que podiam gostavam de conversar com Giovanni, pois eles consideravam Giovanni uma pessoa de grande sabedoria.

E assim, naquele entardecer, os dois amigos procuraram Giovanni para relatar a ele os últimos acontecimentos referentes a uma coisa inusitada que acontecia com eles. Já haviam conversado entre si e não encontravam explicações que justificasse o que estavam sentindo.

Giovanni, que era portador de grande sensibilidade, sabia que existiam coisas entre o Céu e a Terra que não eram de domínio público, pois era vedada ao povo, a busca de qualquer explicação referente aos chamados "mistérios".

Discretamente, os três amigos analisaram que existia algo além da vida física. Cada um deles relatava suas próprias experiências, e concluíram que além da matéria densa, palpável, visível, existia uma forma de vida. Ao comentar seus sonhos e visões, Pietro confirmava sua certeza de que aquela vivência terrena não era a única, e nem a primeira que ele tinha.

Nina já uma adolescente, certa vez ouviu um trecho da conversa, e de imediato quis participar. Houve certo receio por parte de Júlio, porém Pietro se recordou que desde pequenina, Nina falava algumas coisas estranhas que somente agora ele entendia qual o sentido real daquelas palavras.

Nina recordou a Pietro que por várias vezes havia visto ali, junto deles, aquela figura luminosa do amigo que se preocupava com toda a família. Recordou a ocasião em que vira o irmão com roupas de pirata, e mais que alguém havia dito a ela que ele fora o capitão da embarcação.

Concluíram que de fato a vida terrena era apenas um ângulo do grande todo universal e que havia muito a se buscar no campo da Criação. Mas, quem iria aceitar tais conclusões? Eles sabiam das perseguições severas que alcançavam a quem ousasse contrariar as autoridades eclesiásticas, pois alguns fatos já demonstravam que qualquer pessoa que apresentasse algum sintoma julgado demoníaco, pagava, por vezes, por aquela ousadia, com a própria vida.

A partir daquela "descoberta", Pietro, Júlio e Nina começaram a procurar alguma forma de poder auxiliar, inicialmente com alimentos, a um povoado miserável que havia nos arredores da cidade. No início eram pequenas quantidades, e aos poucos a necessidade se apresentava tão intensa que foi preciso aumentar a quantidade dos alimentos oferecidos.

Pietro entendeu que era preciso comunicar a seus pais aquele procedimento que ele entendia ser uma forma de trabalho. E naquela noite, após o jantar pediu para conversar com seus pais. Nina o acompanhou no relato da miséria que eles haviam visto, e que os fizeram perceber que precisavam fazer alguma coisa.

Aqueles dois espíritos generosos, preparados na seara do amor, estavam entusiasmados em poder apresentar aos pais aquela descoberta que deu a eles a oportunidade de auxiliar os famintos e os desesperançados.

Pietro omitiu o fato de que nas visitas que faziam, eles também oravam com aqueles irmãos sofredores, e que ele próprio, impondo suas mãos, levava alívio, sem entender direito como aquilo se processava, mas que as pessoas se sentiam curadas após aquelas orações que eles faziam.

Mas, a primeira decepção os aguardava. Annunciata, mal ouvindo aquelas bravatas, como ela mesma denominou, e já se colocou frontalmente contra tudo aquilo. Não poderia aceitar que seus filhos se misturassem às pessoas de condição duvidosa, como ela se referia. E, de imediato, culpou Júlio por tudo aquilo.

– Giácomo – dizia a esposa, olhe no que deu trazer aquele camponês ao nosso convívio!

– A influência perniciosa daquele rapaz certamente levou nossos filhos a se exporem dessa forma! Eu sempre afirmei que a mistura de pessoas de classes sociais diferentes nunca traz bons resultados!

Pietro e Nina estavam estupefatos. Não poderiam imaginar

que a reação de sua mãe fosse tão cruel e agressiva! As lágrimas começaram a cair de seus olhos, enquanto ouviram as palavras de seu pai.

– É meus filhos, concordo com sua mãe.

– Vocês nunca tiveram contato com o mundo de miséria que agora vocês dizem conhecer. Seu berço, sua educação, sua família, todos estes requisitos os prepararam para uma vida adequada à nossa condição e nossa estirpe. É de se admirar este comportamento!

– Minha mãe, em nome de Deus não diga isso – disse Pietro.

– Meu pai, eu lhe peço que não culpe Júlio por nada disso – pediu Nina.

– Meus queridos pais – começou a falar Pietro, entre lágrimas. – Desde muito pequeno me incomodava muito ouvir os comentários sigilosos dos criados, quando entristecidos, falavam da miséria e do frio que algumas crianças sofriam.

– Minha mãe, a senhora se lembra, quando há alguns anos lhe pedi para ajudar os miseráveis que eu sabia existir do outro lado da cidade? Lembra-se que ficou de conversar com meu pai, e por várias vezes a senhora encerrou o assunto, e eu para não contrariá-la não insisti!

– Pois bem, o Júlio não estava aqui naquela época, e meu coração clamava por esta ajuda, mas na minha idade ainda considerada inadequada para aqueles assuntos, tudo aquilo poderia parecer coisa de jovem sonhador.

– Hoje, quando meu pai já tem me orientado para poder segui-lo em alguns dos seus negócios, eu me sinto preparado para isso, mas também me sinto preparado para poder colocar em prática aquilo que meu coração determina.

Contrariados, os pais de Pietro quiseram encerrar a conversa, salientando o adiantado da hora, e que todos deveriam se recolher. Nina e Pietro, resignadamente, se despediram dos pais, seguindo cada um para seus aposentos.

Naquela noite, as orações de Nina, de Pietro e de Júlio foram direcionadas a Jesus, com o pedido de que Annunciata e Giácomo pudessem ser orientados por Deus para mudarem seu ponto de vista.

Júlio, embora não estivesse presente naquela conversa em família, pela sua intensa sensibilidade tudo registrara, pois na convivência com Giovanni aprendeu a aguçar seu campo intuitivo, e a sintonia que mantinha com os amigos possibilitava absorver as preocupações daqueles que considerava irmãos espirituais.

Capítulo 17

Procurando caminhos para a caridade

GIÁCOMO, APESAR DE TER UMA PERSONALIDADE forte, era influenciado por Annunciata nos sentimentos de orgulho, e mesmo tendo por alguns momentos a vontade de partilhar com seu filho aquela preocupação, logo abandonava a ideia, por simples comodismo. Acabava permitindo que seu lado negativo se sobressaísse.

Apesar de não pertencer à nobreza predominante, Giácomo descendia de família que possuía brasões, e isso representava para ele motivo de grande orgulho. E, como pessoa de grandes posses ele era reconhecido e admirado pelos nobres da época.

Diante de tudo isso, preocupava-se com o

comportamento dos filhos, pois temia que comentários pudessem surgir se viessem à tona aqueles arroubos apresentados pelos jovens. Pensando em afastar Pietro, temporariamente, da cidade de Florença, decidiu ir a Roma, cidade deslumbrante que o filho ainda não conhecia.

Há tempos tinha assuntos a tratar com alguns navegadores, e era chegada a hora para isso. Apressou-se em comunicar a Annunciata sua decisão, a qual ela aprovou imediatamente. Aquela viagem viria em momento muito oportuno, pois seria como uma ducha fria naquele comportamento absurdo que o filho vinha apresentando.

Annunciata ainda previu que Nina e Júlio, sem a presença de Pietro, ocupariam seu tempo livre com outras atividades.

Os anos trouxeram a Nina uma aparência suave e delicada, sendo amada por todos. Seu sorriso angelical conquistava o carinho, tanto dos criados, bem como de todos aqueles que dela se aproximassem. Mesmo assim, sua mãe não havia superado aquela barreira que existia entre ambas. Por mais que ela tentasse levar seu carinho, sentia que sua mãe se esquivava sempre que podia.

A sensibilidade espiritual que Nina apresentava desde pequenina, com o passar dos anos, possibilitou que ela tivesse contato constante com a Espiritualidade, o que para ela havia se tornado muito natural. Quando via os espíritos não se abalava, pois tinha a certeza de que eram almas que não estavam nem no céu, nem no inferno, como havia aprendido na religião católica romana.

O Professor Giovanni, como sempre o amigo e conselheiro, orientava Nina todas as vezes que ela relatava suas visões, fato que se tornara rotineiro.

Ao tomar conhecimento que iria com o pai para Roma, Pietro se apressou em deixar planejado com Nina e Júlio o trabalho que faziam em benefício aos mais necessitados e que não tinham interrompido, apesar da proibição dos pais. Mas, preveniu a ambos que tudo precisaria ser feito no mais completo sigilo, pois sabia que sua mãe os castigaria sumariamente, caso soubesse de alguma coisa.

Naquela ocasião, aquele grupo de tarefeiros do Bem já contava com a ajuda do Professor Giovanni, do cocheiro da família chamado Luciano, o qual sentia profunda admiração por Pietro, e de duas criadas que serviam na cozinha. Antes da viagem Pietro pediu a esses companheiros que ficassem atentos para que Nina e Júlio não se arriscassem. Possivelmente a distribuição deveria ser feita sem a presença da irmã e do amigo.

Giácomo e Pietro partiram para Roma, e Nina sentiu imenso vazio com a ausência do irmão. Naquela noite, ela buscou, em espírito, a presença dos Amigos Espirituais, a quem confiava suas preocupações quanto ao futuro. Nina começava a perceber que em seu coração crescia um sentimento doce, com relação a Júlio, e sentia que ele também demonstrava ter por ela um sentimento especial. Apesar de onze anos mais jovem do que Júlio, Nina já contava com catorze anos de idade. Tornara-se uma linda jovem, e por várias vezes seus pais já haviam conversado acerca de seu futuro.

Como era de hábito os pais já se mobilizavam para garantir o futuro da filha, especialmente buscando uniões que garantissem a continuidade das riquezas, e preferencialmente o aumento das fortunas.

Nina, sabendo que dentro de pouco tempo seus pais estariam cuidando desse assunto, sentiu calafrios em pensar que o sentimento que já desabrochava em seu coração aumentava cada vez mais. – O que fazer, meu Deus!?

Naquela noite, teve uma visão muito clara de parte de seu passado.

Era uma paisagem deslumbrante. O mar, banhando as areias claras daquele vilarejo, trazia muita paz. Ela caminhava em direção às casas, quando viu que em uma delas residia uma pequena família, composta por mãe e filho. A mãe estava preocupada porque o filho havia partido para mais uma empreitada da qual ela tinha muito medo. Aproximou-se um pouco mais e percebeu que conhecia aquela mulher e através do pensamento dela, viu a imagem do filho amado.

Nina percebeu que o filho que aquela mãe trazia na mente (que se chamava Henry naquela existência) era o mesmo Pietro de hoje, seu irmão. E mais adiante viu algumas cenas que lhe trouxeram lágrimas aos olhos. A mãe de Pietro indo ao encontro de uma jovem a chamou de Anne. Para sua surpresa, ela se reconheceu nessa jovem. As duas mulheres se abraçaram, demonstrando a mesma preocupação.

Caminhando um pouco mais, Nina se deparou com outra jovem que a olhou de modo hostil. Fixou nela sua atenção, pois ela lhe parecia muito conhecida. Nesse momento uma surpresa a aguardava, pois reconhecia que aquela moça atraente, mas com um olhar duro era Annunciata, sua mãe. – Como era possível?

O impacto foi muito forte, e de imediato Nina retornou ao corpo físico, despertando trêmula e assustada. – Que pesadelo era aquele? Que significado teria aquele sonho? Ela precisava de explicações, e ficou muito ansiosa para o dia terminar e ela poder buscar ajuda do amigo Giovanni para entender mais aquela revelação.

Mais uma vez Giovanni, intuído por Sérvio, o Instrutor generoso de todos os momentos, conseguiu serenar a alma daquela jovem. Ele revelou a Nina o significado daquelas lembranças. Relatou que em existência anterior, aquela que hoje era sua mãe, fora sua rival, pois eram ambas apaixonadas pelo mesmo jovem. Sendo preterida, ela alimentou imenso rancor, sentimento que ainda tinha raízes em seu coração. Nina começou, então, a entender os motivos da distância que existia entre sua mãe e ela. Mas, de imediato perguntou:

– É possível que minha mãe também tenha essas revelações?

– E Pietro, também tem conhecimento desse passado?

Muitas eram as indagações de Nina, pois isso explicava muita coisa.

Giovanni, intuído por Sérvio, disse a Nina que agora, mais do que nunca, ela deveria procurar envolver sua mãe em muito amor, pois no fundo de sua alma ela sentia ainda o temor de perder o amor daquele que agora era seu filho. Esclareceu ainda que pela generosidade divina temos a bênção do esquecimento, que impede a lembrança desses fatos, porém, eles ficam gravados na mente espiritual. Assim, todo o sofrimento que em alguma época, em qualquer circunstância fizer parte da história de vida de cada um, permanece registrado nos arquivos mentais, e inconscientemente influenciam os sentimentos na vida presente. Mesmo que ela não tenha a revelação clara, no fundo de sua alma, a rejeição dá alguns sinais que em forma de distanciamento, provoca situações de sofrimento.

Nina que já era dotada de meiguice e carinho, procurou aproximar-se ainda mais de sua mãe, a qual, envolvida pela grandeza espiritual da filha, foi aos poucos "baixando a guarda" e aceitando aquela aproximação.

Capítulo 18

Pietro em Roma

Acompanhando o pai nas negociações de rotina, Pietro percebia a grande habilidade de seu genitor no trato das finanças. Sentia profunda admiração pela capacidade do pai em contornar situações, e resolver, sempre de uma forma inteligente, os impasses que os interesses acabavam gerando.

A capital da Itália era linda! Ele ficava admirado com os palácios, com o antigo circo, com os monumentos, com as obras de arte que se via por toda parte. Os artistas Leonardo da Vinci e Michelangelo, na disputa pelos melhores trabalhos, apresentavam seus dons artísticos por toda parte. Apesar da obra desses dois luminares da arte ter sido produzida em grande parte em Florença, Michelangelo era muito admirado em Roma, sendo requisitado para importantes trabalhos do Clero e da Nobreza.

As catacumbas que representaram a coragem dos cristãos, à época das maiores perseguições, ainda existiam na Via Ápia, e despertaram grande interesse em Pietro. Local abandonado, sem nenhum significado às autoridades, exerceu forte atração naquele jovem que sentia enorme desejo de ali poder adentrar. Por alguns momentos, Pietro sentia como se soubesse tudo o que havia naqueles túneis, porém achou mais prudente nada comentar.

Ao se aproximar, sentiu forte emoção, e teve a nítida sensação de que alguém o convidava a dar também o seu testemunho de fé e amor ao Cristo, como haviam feito os cristãos, cujos corpos foram enterrados naquele local. E, dentro do chamado que se fazia presente ao seu coração, ele entendeu que sua missão era aliviar as dores do corpo e da alma daqueles desvalidos que habitavam os arredores de Florença. Não teve dúvidas de que deveria enfrentar o orgulho de seus pais, e já começava a planejar a conversa que teria com Giácomo ali mesmo em Roma, antes de retornarem ao lar.

Giácomo apresentava seu filho Pietro aos navegadores e comerciantes, e era com muito orgulho que o fazia. Salientava que ele seria seu substituto, no futuro, pois recebera excelente educação e instruções para dar continuidade ao nome da família. Considerando que suas preocupações eram exclusivamente de ordem material, ele entendia que a felicidade de um homem era representada tão-somente pela fortuna que amealhava.

Pietro percebia a intenção de seu pai em lhe mostrar os caminhos que ele iria percorrer, e já imaginava que não teria os mesmos argumentos convincentes para vencer os desafios das negociações. Mas, sabia também o quanto seu pai esperava dele, e não seria justo causar-lhe o desgosto de se mostrar desinteressado de todo aquele mundo social e financeiro ao qual estava sendo apresentado.

Ao se recolherem naquela noite, Pietro se encorajou e voltou ao assunto iniciado em Florença, a respeito da ajuda aos mais necessitados. Disse a seu pai que seu coração há muito tempo clamava por atitudes de amor, diante do sofrimento daqueles que nada recebiam da vida. Falou ainda que Nina, desde pequenina, via anjos que os orientavam na prática do Bem e do Amor. Evitou citar o nome de Júlio para protegê-lo, pois não queria que seu pai novamente o culpasse por aquele caminho que estava delineado dentro do coração de todos eles.

Giácomo não conseguia entender a grandeza das palavras do filho.

Pietro ainda completou dizendo:

– Meu pai, tenho sentido muito a presença de São Francisco de Assis me incentivando a lutar contra a fome e o frio de meus irmãos. Ele que não foi aceito por sua própria família, mas que em menos de dois anos depois de sua morte foi canonizado, tem me encorajado nesta luta. Por esse motivo lhe peço que não me proíba de atender a este chamado de meu coração.

Giácomo, como sempre insensível, perguntou ao filho:

– No seu modo de pensar, colocaremos nossa fortuna nas mãos daqueles que nada possuem, e em pouco tempo estaremos também na mesma situação! – Se você acredita neste Deus maior, por que não pergunta a Ele qual o motivo dessa desigualdade?

– Se Ele quisesse que aqueles miseráveis estivessem no nosso lugar, você não acha que eles já estariam? Existem pessoas que vieram para servir e outras para serem servidas!

Com lágrimas nos olhos, e olhando para seu pai com profunda compaixão, Pietro, pela educação recebida, não mais discutiu, e pedindo licença para se retirar, dirigiu-se aos aposentos que lhe eram destinados.

Dessa forma retornaram a Florença. Giácomo havia atingido o seu objetivo, conseguira mais uma vez sucesso em seus negócios, sem dar nenhuma importância ao diálogo mantido com o filho, na noite anterior em Roma.

Capítulo 19

O despertar de Annunciata

APÓS UMA VIAGEM BEM CANSATIVA, chegaram ao Palácio Navarro onde estavam sendo esperados por Nina que os aguardava ansiosa.

– Papai, que bom vê-lo de volta. Mamãe está, há vários dias, prostrada no leito, e nós estamos muito preocupados, pois todas as noites ela delira, apresentando febre alta.

– O médico já foi chamado?

– Sim, as medicações preparadas por ele não estão surtindo efeito!

– Pietro, mamãe chama por você constantemente, vá vê-la!

Ao chegar aos aposentos da mãe, Pietro sentiu

uma energia muito desagradável, e de imediato, colocou-se em oração.

– Mamãe, aqui estou! O que está havendo?

– Ah! Meu filho! Que falta tenho sentido de você ao meu lado!

– Tenho tido pesadelos horríveis, e minhas noites têm sido de muito sofrimento!

Naquele momento, Pietro não teve dúvidas de que sua fé iria lhe dar forças para dizer à mãe que iria orar junto a ela, e que gostaria de chamar Nina.

Nina, atendendo ao chamado do irmão, ajoelhou-se ao lado da mãe, e ele também o fez. Ambos, entregando-se à oração fervorosa, sentiram a presença de Sérvio que naquele momento envolvia Pietro, intuindo-o a colocar suas mãos sobre a cabeça e o tórax da mãe que, febril, apresentava tremores.

Ao espalmar suas mãos, Pietro sentiu que faíscas de luz emanavam da ponta de seus dedos, e após alguns instantes, Annunciata respirava profundamente, apresentando considerável serenidade que há dias não era possível. Nina e Pietro se sentiram muito felizes ao ver a melhora da mãezinha.

Annunciata conseguiu dormir tranquilamente por algumas horas, e ao despertar apresentava um semblante mais luminoso. Pediu de imediato, a presença do filho.

– Meu querido, que saudades! Que falta você me faz!

– Mamãe, o que houve? Nós a deixamos bem, e agora a encontramos desta forma!

– Não sei o que está acontecendo, meu querido! Tenho tido sonhos muito estranhos, dos quais eu desperto sobressaltada! Em meus sonhos, me vejo com outra aparência, e rodeada por pessoas que não conheço.

– A senhora se lembra do que vê nesses sonhos?

– Alguma coisa. Mas, o que mais me assusta é que uma das mulheres que vejo me dá a certeza de que sou eu! Mas, como isso é possível?

– Há três dias, o sonho me levou a um local bastante primitivo. Vi que uma moradia muito modesta acomodava minha pequena família. Sabia que tinha um filho, e que ele trazia muito sofrimento a mim e a seu pai. Nós servíamos a um rico senhor, como criados, e esse filho tinha vícios e hábitos que nós não soubemos combater, chegando mesmo a nos tornar cúmplices em algumas ocasiões.

– Filho querido, o que mais me assustou foi que em dado momento, a visão que tive foi aterradora. Sentados a uma mesa tosca, para a refeição frugal, eis que vejo você e Giácomo ali sentados também. Naquele momento, entendi que meu marido e filho eram os mesmos de hoje.

– Isto não me sai da cabeça, e está me deixando atordoada. Por que isso?

Nesse momento, Pietro, envolvido por Sérvio, colocou suas mãos sobre a fronte da mãe, e pediu que ela o ouvisse. Começou a passar para a mãezinha as informações que já faziam parte de seu entendimento, fruto das conversas que tivera com o Professor Giovanni que ultimamente era seu mentor encarnado.

Annunciata não tinha o alcance de todas aquelas palavras, mas, alguma coisa já podia compreender. Embora fosse muito ligada a assuntos mais complexos com relação à religião, tinha como certo que ao final da existência física a alma iria para o céu ou para o inferno. Nunca tivera oportunidade de analisar o fato de se ter vivido outras existências terrenas, pois sua meta na vida física era viver bem, sem preocupação com nada que não envolvesse sua família.

– Minha mãe, o fato é que não se vive uma única vez aqui na Terra, e nos encontramos sempre que necessário para buscarmos a conquista do amor entre todos nós. O que a senhora viu é a mais pura realidade. Nós já estivemos juntos, por várias vezes!

– E, por que não me lembro disso?

– Porque Deus em Sua sabedoria nos poupa de recordações dolorosas desse passado!

– Mas, por que estou então a ter estes sonhos? Qual a razão?

– Talvez para que a senhora comece a modificar sua maneira de ver as outras pessoas!

– Do que você está falando?

– Daquelas nossas conversas a respeito de ajudarmos aqueles mais necessitados!

Aquele foi o ponto culminante da conversa! Pietro sentiu que havia chegado o momento de sua mãe ser tocada por um sentimento maior. Era agora ou nunca!

– A senhora percebeu sua melhora após as orações feitas por mim e por Nina?

– Sim, e agradeço muito por isso.

– Pois bem, a razão de sua doença e de sua melhora é unicamente o despertar para o novo momento que precisamos abraçar em nossas vidas. Não resista, em nome do imenso amor que une nossas vidas. Vejo que seus sentimentos em relação à Nina também estão mais amenos. Por favor, reflita e perceba que tudo isso tem uma causa.

Pela primeira vez em sua vida, Annunciata se dispôs a pensar em tudo o que o filho estava lhe dizendo. Teria ele razão? Ela sentiu que algo em seu interior estava se modificando. Mas, pediu a ele que a deixasse sozinha para poder pensar.

Naquele dia, Pietro procurou Júlio, seu querido amigo, que na casa do Professor Giovanni o auxiliava em tudo, na horta, no jardim, pois era uma maneira de retribuir tudo o que aquele benfeitor fizera por ele. Júlio levava as hortaliças colhidas até o local onde podiam ser comercializadas, bem como as flores que cultivava com amor.

– Júlio, que saudades! Como está nosso trabalho junto aos irmãos da periferia? Você tem conseguido ajudá-los? Pietro fazia muitas perguntas ao mesmo tempo!

– Pietro, acalme-se! Eu, a Nina, o Professor Giovanni e o cocheiro Luciano não abandonamos nossos irmãos! Temos levado o pão para o corpo e para a alma. As reuniões cristãs têm nos trazido muitas alegrias, pois percebemos que a fé daqueles que estavam desesperançados tem retornado às suas almas. Temos falado do mundo além da morte, e sentimos que essas verdades fazem muito bem a eles.

– O Professor Giovanni tem ensinado muito a respeito da continuidade da vida, e com isso tem levado conformação acerca da situação atual, vivida por cada um.

– Mas, o que mais nos alegra é o momento em que, juntos, podemos orar em benefício dos doentes, e seguindo o impulso de nossos corações, colocamos as mãos sobre os locais onde o corpo deles apresenta algum mal. É um bálsamo tão grande que nos sentimos transportar, momentaneamente, a um local que poderíamos chamar de paraíso, pois ali há muita luz, e de alguma forma, esta luz vai tocando a todos.

Pietro vibrou de felicidade ao saber das notícias. Foi essa mesma sensação que o envolveu no momento em que orava junto ao leito de sua mãe, e que a fez melhorar! Que processo seria aquele? Qual seria exatamente a finalidade daqueles acontecimentos?

– Júlio, eu quero lhe relatar o que se passou desde o momento que retornei de Roma.

À medida que descrevia o caso de sua mãe, sentia que junto deles estava aquele amigo que o vinha orientando, já há algum tempo.

Túlio mantinha-se próximo aos jovens, pois sabia que havia chegado o momento de iniciarem seu trabalho, quando testemunhos difíceis seriam necessários. Carinhosamente envolveu seus amigos, transmitindo-lhes força e coragem para aquela nova empreitada.

– Júlio – disse Pietro. Depois da conversa que eu tive com minha mãe, me sinto esperançoso de podermos contar com a sua compreensão, mesmo que ainda não queira se envolver, mas sinto que ela não continuará com sua proibição.

– Deus seja louvado! Será maravilhoso podermos seguir Jesus em seus ensinamentos de caridade e de amor!

Assim, na manhã seguinte, Pietro procurou pela mãe que já estava sentava nos belos jardins do Palácio, onde desfrutava do calor do sol, procurando se refazer da prostração que a acometera por vários dias.

– Bom dia, minha mãe! Como é bom verificar que a senhora está melhor!

– Sim, meu filho. Sinto que estou revigorada, e o que é melhor, não tive mais aqueles sonhos dos quais lhe falei. Acho que tudo passou!

– A senhora refletiu acerca de nossas conversas?

– Embora com certa dificuldade, estou começando a aceitar que vivemos em diversas épocas, e que a morte destrói o corpo, mas não atinge a alma. Gostaria que você pudesse me falar mais a esse respeito.

– Será para mim grande alegria, minha mãe. E eu gostaria de lhe dizer que o Professor Giovanni é profundo conhecedor de todos esses mistérios que até agora eram inatingíveis para todos nós. E, quero dizer mais: Eu, Nina e Júlio, juntamente com o Professor, temos estudado muito acerca dos assuntos relacionados à alma.

Annunciata, ainda apegada ao orgulho que era uma forte característica de sua alma, relutou ao ouvir o nome dos demais componentes do grupo, pois para ela o que vinha de Pietro era sempre bem-vindo, porém o mesmo não acontecia quanto aos demais.

Mas, mesmo assim, disposta como estava a tentar mudar seus pensamentos, relutou por alguns instantes, até que concordou com o filho, e ficou acertado que naquela tarde, eles, ali mesmo no jardim, estariam reunidos para falar daqueles assuntos, que para ela poderiam ser verídicos, ou não!

Pietro, muito feliz, se apressou em avisar a irmã Nina, mais Júlio e Giovanni acerca aquele encontro.

Capítulo 20

O início de um novo caminho

A TARDE ESTAVA AMENA quando se reuniram sob o caramanchão, composto de camélias, aquelas quatro pessoas que mesmo sem o saber, davam sequência em planos por elas elaborados na Espiritualidade.

Annunciata não estava muito à vontade, mas Pietro cuidou de desarmar sua mãe, começando a conversa, convidando a todos para uma oração, ali, junto à natureza. A energia espiritual era extraordinária, e as presenças de Sérvio e de Túlio eram registradas pelos três jovens, e por Giovanni.

Giovanni começou a conversa falando da bondade de Deus para com todos os seus filhos, levando suas palavras em direção à continuidade da vida, e muito sutilmente mostrou que os que viviam na opulência, poderiam futuramente conhecer o sofrimento da fome e da miséria. Mostrou que não era pecado pertencer à nobreza ou ser cercado por riqueza material, porém, o dever cristão não deveria ser esquecido, e o amor ao próximo era mandamento fundamental da Lei de Deus.

Annunciata a tudo ouviu calada. Após pequena pausa, ela se encorajou e perguntou:

– Professor Giovanni, dentro do seu conhecimento, como eu estou me comportando?

Giovanni ficou desconcertado com a pergunta, pois na condição de cavalheiro que era, e na moral cristã que professava, precisaria escolher as palavras, sem faltar com a verdade, porém, utilizando da caridade como diretriz de sua resposta.

– Srª. Annunciata, todos nós temos atitudes pertinentes à fé que professamos e aos conhecimentos que adquirimos. Certamente, no seu modo de ver a vida, a senhora agia dentro dos princípios ali colocados. Porém, no momento em que sua alma foi tocada por uma verdade maior, ficou mais fácil renovar seus pensamentos baseados na Lei de Amor, que Jesus tão bem exemplificou.

Annunciata, que apesar de orgulhosa tinha educação refinada, compreendeu a delicadeza da resposta, mas entendeu a profundidade daquelas verdades. Percebeu que gentilmente Giovanni lhe mostrava que estava agindo de maneira anticristã.

– Obrigada, Professor, por suas palavras! Creio que elas me ajudarão a modificar os impulsos que durante toda minha vida me levaram a atitudes por vezes até cruéis, mesmo em se tratando de minha família.

Pietro, Nina e Júlio estavam felizes ao ouvir as palavras

daquela mulher que até então condenava, veementemente, qualquer atitude que não fosse de ostentação ou de soberba. Sentiam que Annunciata estava se esforçando para dar um novo rumo ao seu comportamento, até então egoísta e orgulhoso.

Aquela tarde foi o marco inicial de um período diferente na vida daqueles espíritos que ao se reencontrarem na Terra deveriam dar início ao cumprimento de planos previamente estabelecidos.

Sentindo que sua mãe não seria mais um empecilho para a prática da caridade, Pietro decidiu que aquele seria o momento para estabelecer o início do novo trabalho que já poderia ser desenvolvido sem medo, sem desculpas.

E assim, decidiu ali mesmo comunicar à sua mãe que gostaria de contar com o seu apoio para que dali em diante eles pudessem, semanalmente, levar os alimentos que eram ansiosamente esperados pelos irmãos atendidos por eles. E, para sua alegria, naquela oportunidade, ela aprovou que assim fosse feito.

Nina abraçava a mãe emocionada, e do mesmo modo Pietro. Júlio, que estava um pouco mais atrás, agradecia a Jesus, quando Annunciata o chamou para que se aproximasse. Ele sentiu um calafrio, mas chegou bem perto dela, e para sua surpresa ela o convidou para um abraço. Dessa forma, foi selado aquele compromisso de amor, que começava a diminuir a imensa lacuna existente entre aquelas almas.

Capítulo 21

Momentos de preocupações e mudanças

DOIS DIAS DEPOIS PARTIA A CARRUAGEM carregada de alimentos para serem levados à periferia de Florença. Nina, Pietro, Júlio e Giovanni seguiam à frente em outra carruagem, já organizando como aconteceria a distribuição.

Tão logo chegavam aqueles irmãos famintos e desesperançados os cercavam, e eram abraçados com imenso carinho. Em seguida, acomodavam-se para o banquete espiritual, que antecedia a distribuição dos alimentos.

Crianças eram trazidas por suas mães, os velhos e doentes também solicitavam o auxílio da prece, que eles já haviam se acostumado a receber.

Aquele grupo de servidores do Bem, ligando-se a Jesus, se preparava para aquele trabalho que era de alívio e cura para as dores materiais. Todos os presentes acompanhavam a oração e em seguida eram atendidos pelos quatro amigos, que ao final sentiam-se plenamente recompensados pelos olhares de gratidão que os envolviam.

No segundo momento, a distribuição dos gêneros alimentícios ocorria, dentro de muita tranquilidade, e de muita alegria.

Assim, transcorreram-se os meses, e tudo parecia tranquilo.

No Palácio dos Navarro, os criados sabiam do trabalho de amor que era realizado, mas nada comentavam, pois Annunciata assim o exigia. Giácomo relutou no início, mas como sempre, Annunciata convencia o marido do que deveria ou não ser permitido.

Aos poucos as notícias dos prodígios que aconteciam no momento das orações começaram a se espalhar. A curiosidade de alguns em saber como aconteciam os fatos levava perigo aos tarefeiros do amor. As autoridades eclesiásticas foram alertadas que aquele grupo fazia coisas estranhas, e isso acontecia fora da Igreja!

E dessa forma, o trabalho de amor estava correndo perigo!

As curas realizadas começaram a incomodar as autoridades eclesiásticas, e um velho sacerdote, amigo dos Navarro, se apressou em alertar Giácomo acerca dos comentários que ouvira sobre os fatos que, segundo a Igreja, só podiam ser uma manifestação demoníaca permitida pelos hereges, sendo, portanto, cabível severa punição.

Giácomo, embora fosse um benemérito doador, sabia que nesse caso não haveria meios de proteger seus filhos, pois a perseguição a todos aqueles que de alguma forma contrariavam os dogmas era implacável, e eles pagavam com a vida a afronta ao poderio religioso dominante. Dessa forma, com o auxílio do velho amigo, tomou as providências necessárias para que eles deixassem Florença o mais rápido possível. Utilizando ouro e joias, todo o plano de fuga foi traçado.

De imediato, Giácomo reuniu a família e comunicou a eles o imenso perigo que estavam correndo, e como havia aconselhado seu amigo sacerdote, alertou que seria preciso retirá-los dali imediatamente, a fim de evitar o pior. Decidiu que Nina iria para um convento em Madri, local em que ele já auxiliara algumas vezes, e Pietro deveria deixar o país por algum tempo, até que a poeira baixasse.

Não houve nenhuma preocupação com Júlio, nem com Giovanni, pois para o casal Navarro eram pessoas fora de sua família, e como tal, deveriam buscar suas próprias soluções. Mas, para que Pietro e Nina não se negassem a sair de Florença, os pais asseguraram aos dois irmãos que seus amigos seriam auxiliados também. Apenas iriam para outros caminhos.

Ao serem informados da situação, de imediato, Nina e Pietro afirmaram nada temer, pois confiavam na Proteção Divina dentro do amor com que levavam auxílio aos irmãos sofredores. Não podiam admitir que a prática do Bem pudesse incomodar alguém.

Giácomo pediu a presença do velho amigo do Clero que confirmou para a família o perigo iminente, diante das providências que já tramitavam no tribunal eclesiástico. Deixou claro que a partida deveria ser imediata, antes que fosse tarde demais.

A tristeza dos irmãos era imensa, diante daquela separação e da interrupção de seu trabalho de amor, e sabiam que não adiantaria dizer aos pais que nada temiam. Annunciata em prantos implorava ao filho que fosse para Madri junto a Nina, acompanhando-a ao Convento das Irmãs Carmelitas, e dali seguisse para a França. Lá seria recebido pela família Duvalier, que o acolheria com carinho, pois eles já haviam solicitado a ajuda daqueles velhos amigos da família.

Naquela mesma noite as criadas cuidaram de preparar alguma bagagem para os dois irmãos, os quais obtiveram a promessa dos pais que iriam, logo pela manhã, chamar Júlio e Giovanni para propor a ida de ambos para Santa Luccia, e em seguida também deixariam o país.

Durante a madrugada, Luciano foi encarregado de levar os irmãos para o porto em Livorno, de onde seguiriam para Madri. Já estava tudo preparado, pois com o prestígio dos Navarro não foi difícil conseguir mobilizar as pessoas que poderiam, rapidamente, traçar os planos para que os dois irmãos passassem despercebidos.

Estavam confiantes na Proteção Divina, com relação aos amigos queridos, pois seus pais se comprometeram a auxiliá-los. Luciano exigia dos cavalos tudo o que podiam dar, conduzindo Nina e Pietro para novos rumos.

A viagem foi cansativa, com pequenas paradas até chegarem a Livorno onde a embarcação já os esperava.

Capítulo 22

Seguindo novos caminhos

Pietro e Nina sentiam-se viver um pesadelo. Era muito difícil para eles aceitarem uma fuga por razões religiosas. E, como estariam naquele momento os amigos queridos? Será que não deveriam ter insistido mais com seus pais, para que os quatro pudessem sair juntos de Florença?

Após cansativa viagem marítima até Barcelona, os irmãos conseguiram chegar a Madri e de imediato procuraram o Convento das Irmãs Carmelitas, onde a Madre Superiora já aguardava a chegada de Nina. A disciplina era extremamente rígida, e ela sentiu calafrios enormes ao adentrar àquele local, onde ficou sabendo que não poderia receber a visita do irmão, circunstância imposta pela disciplina do local. Era preciso apartar-se do mundo e se dedicar à vida de clausura, assim era a teoria da Irmandade.

Pietro despediu-se de Nina na entrada do Convento, e ambos ainda envoltos naquela atmosfera de não realidade, sentiam-se anestesiados pela situação inesperada que os acometera. Naquele gesto de despedida, Nina aos prantos disse ao irmão que eles deveriam ter fé, pois certamente Jesus não iria abandoná-los naquele momento.

Pietro, desolado por todos aqueles acontecimentos, dirigiu-se ao endereço em Madri, que lhe foi entregue por seu pai, e de onde no dia seguinte seguiria para Paris, em busca da família Duvalier, que o iria acolher.

Nina foi conduzida para o interior do Convento e ficou assustada com tamanha austeridade e pobreza que ali compunham o mundo das Carmelitas descalças. Mas, dotada de espírito tranquilo e fervoroso, ela se mantivera serena e confiante.

Naquela noite os irmãos adormeceram rapidamente, e no desdobramento espiritual encontraram-se conduzidos por Túlio, Espírito Amigo que os orientava nos momentos mais difíceis de suas vidas. Pietro perguntou de imediato pelos amigos Júlio e Giovanni. O Amigo Espiritual respondeu com muita calma que eles estavam cumprindo seu planejamento reencarnatório.

– Mas, a que tipo de planejamento você se refere?

– O planejamento que eles construíram antes de reencarnar, e que irá possibilitar a eles a evolução espiritual que tanto almejam.

– Amigo, desculpe a insistência, mas poderia ser mais claro? – Insistiu Nina.

– No momento, o importante é que vocês procurem também

cumprir seus compromissos reencarnatórios.

Naquele instante, os irmãos perceberam que algo bastante sério estaria acontecendo com os amigos queridos. Sentiram que o Instrutor Espiritual fora delicado, mas não objetivo, e isso significava que algo muito sério estava acontecendo.

Ao despertar, Pietro sentia grande angústia invadir sua alma. Seu desejo era o de voltar para Florença, uma vez que a irmã estava em segurança. O que fazer meu Deus? Seu pai o havia aconselhado a ir para a França, e ele levara os recursos necessários para se manter na cidade-luz por um longo tempo.

Recordava que seu pai deixara bem claro que em razão da posição social que a família desfrutava o assunto logo seria esquecido, pois os cofres dos Navarro eram pródigos em doações, e o simples afastamento deles daquele local seria suficiente para encerrar qualquer investigação que já estivesse caminhando.

Dessa forma Pietro dirigiu-se a Paris, e foi recebido com muito carinho pelos Duvalier. Como ainda não conhecia aquela cidade que reunia grande acervo referente às épocas importantes da História, por alguns meses ele esteve sempre ativo, conhecendo muitos pontos marcantes daquele mundo moderno para a época.

Pietro dominava o idioma francês, pois seu desenvolvimento cultural era primoroso, graças ao trabalho valioso feito pelo professor Giovanni. Havia recebido algumas cartas dos pais, e estava muito preocupado, pois não recebia notícias dos amigos Júlio e Giovanni. Havia perguntado muitas vezes para onde eles teriam sido conduzidos, e se estavam bem. E, nenhuma notícia lhe era enviada por seu pai.

Diante dessa falta de informações, Pietro entendeu que algo

de muito sério deveria ter acontecido. E, diante disso, resolveu que o melhor seria retornar à sua terra natal, uma vez que havia se passado quase um ano de sua vinda à França. Notícias da irmã Nina Pietro tinha apenas por carta, em que a Irmã Superiora informava aos pais que a noviça estava bem, servindo a Jesus, como havia decidido, e os pais informavam a ele.

Naquela noite, Nina e Pietro, como era de hábito, se dirigiram a Florença, em desdobramento. Por várias vezes essa prática já havia acontecido, mas inexplicavelmente, ao despertar eles nunca se recordavam de terem se encontrado com Júlio e Giovanni. Para sua surpresa, eles se encontraram com Sérvio, que demonstrou grande alegria junto aos amigos queridos.

– Querido amigo, que alegria poder revê-lo – disse Pietro. Por favor, me conduza até onde estão Júlio e Giovanni, pois preciso vê-los.

– Pietro, quando você questionou nosso Túlio, ele lhes deu a informação que ambos estavam vivenciando seus compromissos reencarnatórios, não é mesmo?

– Sim, mas essa resposta ficou muito vaga. Por favor, poderia ser mais claro?

– Meu amigo, é chegado o momento de você e Nina tomarem conhecimento dos fatos que ocorreram logo após terem deixado Florença.

Pietro sentiu uma angústia muito grande, pois a resposta do Instrutor o fez perceber que algo muito grave havia acontecido aos amigos queridos.

Capítulo 23

Trajetória dolorosa

— Irmãos queridos – disse Sérvio, é preciso que vocês tenham muita confiança e fé nos desígnios de Deus, e nas oportunidades evolutivas que Ele concede a todos.

– Naquela madrugada que vocês deixaram Florença, os soldados que serviam aos interesses clericais dirigiram-se à modesta moradia do Professor Giovanni, onde Júlio fora acolhido por ele, como é de seu conhecimento. Foram levados para interrogatório, pois a acusação de heresia pesava contra eles.

– Como vocês sabem os interesses eclesiásticos, baseados em dogmas inquestionáveis, fazem valer suas teorias para justificar perseguições e atos de crueldade, os quais são executados utilizando-se o sagrado nome de Deus. A chamada Santa Inquisição estende sua teia de forma insana, alcançando aqueles que de alguma forma lhes cause impressão de desafio às suas teorias. Teoricamente essa perseguição estava superada, mas é sabido que dependendo do acusado, ainda existem os chamados "julgamentos" que são realizados pelos bispos, e cujas consequências variam de acordo com a posição social daquele que cai em desgraça perante o Clero.

– Assim, nossos irmãos foram sentenciados a torturas, porém não sucumbiram. Saíram bastante feridos, machucados física e moralmente, atualmente estão se recuperando de toda a violência sofrida. Por enquanto ainda estão sendo vigiados, pois durante certo tempo, ainda estarão sob a mira eclesiástica.

– E meus pais, não os auxiliaram?

– Queridos, infelizmente os pais de vocês ainda não estão convencidos de que a caridade espiritual seja um Bem. No fundo, apesar de terem presenciado a cura extraordinária recebida por sua mãezinha, ainda não estão conscientes de que todo ser humano é dotado de talentos que devem ser colocados a serviço do Bem.

Pietro ficou desolado. Nina em lágrimas pediu a Sérvio para se dirigirem até a casa de Giovanni, para se encontrarem com os amigos queridos.

Assim, se dirigiram a Florença aqueles três espíritos que já haviam despertado para a prática da caridade. Chegaram àquela humilde moradia em que Júlio e Giovanni, adormecidos permaneciam em espírito naquele mesmo ambiente, pois depois de todo o sofrimento porque passaram, até no período do desdobramento natural, através do sono físico, eles ali permaneciam.

Ao chegar, Sérvio os alertou que os amigos estavam bastante feridos. Espiritualmente abatidos, estavam sob o guante da dor moral, pois entendiam que tinham sido abandonados pelos melhores amigos que tinham.

Nina e Pietro se sentiram extremamente entristecidos diante daquela suspeita que reinava no coração de Júlio e de Giovanni, e se apressaram em adentrar à moradia simples, mas revestida de muita luz.

Ao se encontrarem em espírito, tocados pela serenidade de Sérvio, os quatro amigos se abraçaram, aos prantos, esquecendo por alguns instantes todo o sofrimento que os atingira. Foram momentos de imensa troca de energia, em que aquelas almas em reajuste sentiram toda a responsabilidade que pesava sobre todos eles.

– Meu querido Júlio – disse Pietro comovido. O que fizeram com você?

– Amigo-irmão, a maldade dos homens não tem limites!

– Aquele tribunal simulado, inundado do orgulho mesquinho por homens que se julgam proprietários de Deus, condenou-me a um castigo que, no pensamento deles me impediria de utilizar minhas mãos para auxiliar quem precisasse. Foram momentos terríveis em que não sucumbi, somente porque o auxílio espiritual de Túlio e Sérvio não me faltou. Sentia, por meio destes irmãos maravilhosos, a presença de Jesus me dando forças e coragem para continuar.

– Em decisão "santa" concluíram que meus dedos deveriam ser decepados. E assim o fizeram. A dor física foi imensa, mas a dor moral foi ainda maior.

– Professor Giovanni, e o senhor? Qual foi a acusação que lhe imputaram?

– Ah! Meu filho, pela minha condição intelectual, a acusação que me foi imputada beira ao absurdo. Baseou-se no fato de que eu passei a sugestionar não somente Júlio, mas também aquele povo miserável, fazendo-os acreditar que existiam "espíritos", os quais tomavam o lugar de Deus, e levá-los a enxergar coisas que não existiam. Dessa forma, o castigo decidido foi tirar-me a visão. Mas, tal como Júlio, eu posso dizer que o suplício material feriu-me sim, mas me senti ultrajado nos bens morais, e por alguns momentos, confesso que permiti que a revolta tomasse conta de mim.

– Porém agora, graças ao amor de Jesus por nós, míseros aprendizes, eu superei aqueles sentimentos rasteiros, e pude compreender que este reajuste estava ligado ao passado quando eu, utilizando da autoridade que me foi dada pela rainha da Inglaterra, também ordenei a mutilação de corsários que eu entendia estavam lesando os cofres reais.

Naquele momento Sérvio, abraçando aqueles quatro irmãos que estavam ligados a antigos e firmes laços de amor, os convidou a orar para recomeçar suas trajetórias.

Nina e Pietro, desolados, entregaram-se à oração, pedindo forças para continuar vivendo. Após a prece sentida, relataram também o que havia acontecido desde o momento em que seus pais os obrigaram a deixar o Palácio e seguirem para Madri.

Depois desse reencontro emocionante, Sérvio os convidou a retomar seus veículos físicos, e se despediu desejando a todos que tivessem sucesso no caminho escolhido, pois que esse representava oportunidade de novo aprendizado e crescimento espiritual. A despedida dos quatro amigos foi emocionante, e em seguida Júlio e Giovanni despertaram com a sensação de que seus amigos os haviam visitado naquela noite.

Capítulo 24

O retorno a Florença

Ao despertar, Pietro sentiu imensa saudade de Júlio e de Giovanni, tendo a impressão de que estivera com eles, porém, não conseguia compreender o porquê daquela sensação de tristeza que o acometia.

O mesmo se deu com Nina. Despertando no leito tosco do Convento, e pela sensibilidade espiritual que possuía, sentiu-se tocada por emoções perturbadoras. Sabia que havia se encontrado com Júlio e que ele não estava bem. Sentiu enorme vontade de saber notícias da família e dos amigos. Mas, como fazer? Pela rígida disciplina daquele local, ela não teria nenhuma possibilidade de se comunicar com Júlio. Com o coração apreensivo, rogou à Irmã Maior daquele Convento que enviasse carta a seu pai, pedindo sua presença no

Convento, pois ela precisava saber notícias de sua mãe. Foi esse o caminho que encontrou para poder receber a visita do pai.

Pietro, no decorrer daquele dia, sentiu-se muito perturbado. A lembrança dos amigos queridos e também da irmã não lhe saiam da mente. Ele já estava decidido a retornar a Florença, sem mesmo pedir a autorização de seu pai, e procurar pelos amigos, e depois daquela noite se apressou em comunicar sua decisão aos queridos amigos que o acolheram com tanta generosidade.

Naquela manhã ele se dirigiu ao Sr. Pierre Duvalier, para agradecer toda a hospitalidade e generosidade com que foi acolhido. O novo amigo se surpreendeu e lhe pediu que aguardasse a autorização de seu pai. O bondoso Pierre se preocupou com aquela decisão, pois na ocasião em que se comprometeu com o amigo Giácomo a oferecer hospitalidade a Pietro, não cogitaram ele e Giácomo a hipótese de um possível retorno.

Pietro, amorosamente, relatou ao seu novo amigo, os seus sonhos, a dúvida que estava lhe machucando muito o coração, e lhe disse que já sendo um homem feito, poderia decidir quais caminhos desejava trilhar. Durante aquela estadia com a família Duvalier, Pietro aprendeu a amá-los, pois eram pessoas amorosas e fraternas, e sentia-se respeitado por eles.

A partir daquele instante Pietro começou a preparar o seu retorno à cidade natal, e o Sr. Pierre o auxiliava nesse intento. Os recursos financeiros que Giácomo havia repassado ao amigo Pierre foram todos entregues a Pietro, para que ele pudesse cuidar de sua viagem de volta para a casa.

E assim foi feito. Pietro decidiu fazer o mesmo trajeto que o levara até Paris. Dirigiu-se a Madri, e foi buscar notícias da irmã. Ao chegar ao Convento deparou-se com a proibição de sua entrada naquele ambiente. Por uma pequena fresta foi atendido pela Irmã encarregada daquela função e implorou poder falar com sua irmã, nem que fosse através daquela minúscula abertura no portão.

Depois de alguns minutos ouviu a voz da Irmã Superiora, e fez a ela o apelo emocionado para poder pelo menos ouvir a voz de sua irmã Nina.

Não ouviu resposta. Permaneceu em silêncio, pedindo a Jesus que Ele, em sua imensa bondade, comovesse o coração daquela Irmã Carmelita, e lhe permitisse se despedir de Nina, pois sentia em seu coração enorme aperto cada vez que pensava na irmã.

Suas preces foram ouvidas. Ele quase não acreditou quando ouviu a voz de Nina, dizendo:

– Pietro? Meu irmão amado! Que saudade! Como você está meu querido?

– Nina, irmã adorada! Sei que não deveria ter vindo até aqui, pois é de meu conhecimento a disciplina rígida deste Convento, mas precisava me despedir, pois me decidi a voltar para Florença.

– Mas Pietro, papai não vai aprovar sua atitude. Você se correspondeu com ele?

– Tomei esta decisão há alguns dias quando tive a nítida impressão que retornei a Florença e estivemos com nossos amigos Júlio e Giovanni. Digo estivemos, pois você também estava conosco.

– Pietro, meu querido, eu também estive há alguns dias na casa do Professor Giovanni e sei que você também estava presente. A sensação que me envolveu a partir daquela noite em que tenho absoluta certeza de que, espiritualmente, estivemos todos juntos, é de grande tristeza, pois sinto que algo de muito sério aconteceu com nossos amigos.

– Esta também é minha sensação, e por este motivo estou retornando, disposto a enfrentar qualquer perigo que possa ainda existir. Preciso saber se você deseja entregar sua vida a este caminho religioso, ou devo pedir a nosso pai que solicite a permissão da cúria para seu desligamento.

– Meu querido, por favor, desejo também retornar ao convívio de nossa família. Peça a nosso pai que busque os caminhos para me reconduzir ao nosso lar.

– Fique em paz, irmã querida. A primeira coisa que farei ao chegar será cuidar de sua volta ao nosso convívio. Saiba que a amo muito, e em breve estaremos juntos novamente.

Lágrimas de saudade aproximaram ainda mais aqueles dois espíritos que há muito caminhavam lado a lado, e aquela despedida soava para ambos como um adeus.

Pietro seguiu sua viagem de retorno a Florença. Chegando a Livorno, se apressou em conseguir uma carruagem que o levasse até sua casa. E, durante o trajeto se preparou para enfrentar a cobrança paterna que certamente seria bastante severa.

Ao final da tarde, Annunciata viu aproximar-se uma carruagem desconhecida, e não imaginava que reencontraria seu filho amado. Quando o veículo se aproximou do Palácio, e após ser vistoriado pelos homens encarregados da vigilância, ela sentiu o coração sobressaltado, pois a permissão da entrada de veículo desconhecido era um fato incomum.

Para sua surpresa e alegria, viu descer o filho querido, correu até ele, abraçando-o emocionada e saudosa. Não se preocupou em fazer perguntas naquele momento.

Annunciata não cabia em si de tanta felicidade e, Pietro, abraçado à mãe dirigiu-se ao interior do Palácio dos Navarro, sendo cumprimentado com efusiva alegria pelos servos que o amavam muito, desde pequenino.

Annunciata, naquela alegria toda, nem se lembrou de perguntar pela filha, pois apesar de nos últimos tempos a sintonia espiritual entre ambas estar mais amena, a barreira vibratória ainda existia.

Depois de se banhar e se alimentar, Pietro dirigiu-se ao salão onde sua mãe o aguardava. Desejava saber como tinha sido sua estada em Paris, na casa dos Duvalier, e naquele momento lembrou-se de perguntar por Nina.

Pietro relatou todos os acontecimentos, desde o momento em que eles deixaram Florença naquela madrugada triste, até chegarem a Madri. Depois detalhou a segunda etapa da viagem, quando ele se dirigiu a Paris, levando no peito imensa dor por ter deixado a irmã naquele local de isolamento.

Annunciata tudo ouviu, não dando muita importância ao fato de Nina ter ficado enclausurada no Convento. E naquele instante, sentiu certo temor, pois sabia que perguntas a respeito de Júlio e Giovanni não iriam tardar.

Naquele momento, Giácomo entrou no imenso salão, já sabendo da presença do filho, pois a informação lhe havia sido passada no momento em que adentrara aos muros altos daquela fortaleza palaciana.

Apesar de sua rigidez, Giácomo amava o filho e também o

abraçou saudoso. E, passada a primeira emoção, questionou o filho acerca de sua volta, sem ao menos lhe pedir permissão.

Pietro, que já havia elaborado todo seu discurso, conseguiu com calma e determinação expor a seus pais a sua disposição em enfrentar qualquer dificuldade, dizendo ainda que havia conversado muito com Sr. Duvalier naquele longo tempo de convivência, e que estava acompanhando os desdobramentos de algumas perseguições religiosas. Disse ainda que tinha conhecimento que o período negro da Santa Inquisição estava se dissolvendo, e que sabia inclusive que os brasões e títulos ostentados pelas famílias influenciavam imensamente em qualquer veredicto.

Naquele momento Pietro indagou os pais com relação aos amigos Júlio e Giovanni. Foi o momento mais tenso daquela noite. Para alívio de Giácomo, a criada veio anunciar que o jantar estava servido, e assim por alguns momentos, o assunto pôde ser protelado.

Giácomo, levantando-se, ofereceu o braço à esposa, e convidando Pietro para acompanhá-los, dirigiram-se ao salão já preparado para o jantar comemorativo da volta daquele filho amado.

Como era de hábito, a conversa durante a refeição era sempre mínima, sendo que os assuntos eram conduzidos pelo pai, que habilmente direcionava a conversa a respeito da viagem de retorno que o filho havia feito. Assim, durante o jantar Pietro relatou os mesmos fatos que há pouco havia mencionado à sua mãe. E, aproveitou a ocasião para falar acerca de sua despedida à irmã, e do desejo de Nina em retornar para Florença.

– Meu pai, eu lhe peço que obtenha o mais rapidamente possível, a autorização para que Nina deixe o Convento e retorne ao nosso convívio.

Giácomo, como pretendia ganhar tempo para responder acerca de Júlio e Giovanni, começou a tratar com Pietro, qual seria o melhor caminho para buscar a autorização para a volta de Nina, já dizendo que sabia que isso não seria muito fácil, nem muito rápido, pois havia um longo processo burocrático para isso. Mas, comprometeu-se logo na manhã seguinte a buscar seus amigos influentes no Clero para que a filha fosse desligada daquela Irmandade.

Mas, Pietro estava decidido a voltar ao assunto dos dois amigos. E assim, na primeira oportunidade, mediante uma pausa na fala do pai, refez a pergunta:

– Pai, e os meus amigos Júlio e Giovanni, foram para Santa Luccia naquele dia em que fomos embora?

Giácomo sentiu que não teria como protelar mais aquela resposta. Decidiu contar ao filho tudo o que havia acontecido naquele raiar do dia em que ele viajara. Relatou a prisão dos amigos que se deu antes mesmo do amanhecer daquele dia. Deu a sua versão aos fatos, e a seu modo mostrou a situação como algo que não teria nenhuma possibilidade da interferência de quem quer que fosse.

Pietro ficou lívido. Sentiu o ar faltar em seus pulmões. Lembrou-se daquele sonho-revelação, e naquele momento chegou a pensar que os amigos ainda estivessem presos.

Giácomo informou ao filho que eles haviam sido soltos após os interrogatórios, e que eles se encontravam na ocasião na mesma moradia de Giovanni, onde Júlio também residia desde o dia em que deixara Santa Luccia. Disse ainda que eles estavam recebendo sua ajuda, desde que saíram da prisão, porém não citou quais eram as condições físicas dos amigos. Ficou temeroso que o filho quisesse naquele mesmo momento ir até a moradia dos amigos, e disse a ele que diante do cansaço daquela viagem, eles poderiam conversar mais um pouco, e na manhã seguinte aquele encontro seria mais adequado.

A conversa girou em torno dos últimos acontecimentos sociais de Florença no campo das artes e da música, e ainda das plantações e do comércio, e Giácomo disse ao filho que esperava dele, a partir daquele momento, mais envolvimento no ramo de negócios da família. Ressaltou que havia chegado o instante em que ele, como herdeiro dos Navarro, deveria conhecer, profundamente, tudo o que dizia respeito ao patrimônio da família, bem como as negociações em andamento.

– Filho, eu creio que a época das ilusões, dos sonhos fantasiosos, do envolvimento com assuntos banais e pueris já ficou para trás, não é mesmo?

Pietro entendeu onde o pai estava querendo chegar. Compreendeu perfeitamente que ele se referia não somente à amizade com Júlio, mas também deixava claro que o trabalho de caridade junto aos menos favorecidos deveria ser abandonado, pois considerava um sonho de juventude o fato de Pietro se empenhar para aliviar o sofrimento dos deserdados da sorte.

Como aquele período de distanciamento tinha sido muito importante para as reflexões, Pietro aprendeu a controlar seus impulsos, e a utilizar as palavras com ponderação e sabedoria. Apenas sorriu para o pai e disse que tinha certeza de que sua vida seria de muito trabalho, e que não restava dúvida que havia crescido muito em sua forma de pensar e de ver as coisas ao seu redor.

As palavras ficaram no ar, e todos se dirigiram a seus aposentos.

Capítulo 25

Decepção, dor e revolta

Naquela noite Pietro orou com fervor, pedindo a Deus que na manhã seguinte pudesse encontrar seus amigos, e juntos recomeçassem suas tarefas no Bem.

Despertou disposto, e após o café da manhã, se preparava para encontrar os amigos, quando sua mãe o convidou a um passeio. Ele recusou amorosamente, dizendo que estava ansioso para ver Júlio e Giovanni. Annunciata insistiu, dizendo que precisava conversar a respeito deles, para evitar surpresas desagradáveis. Pietro se preocupou diante da afirmativa, e quis saber do que se tratava.

Annunciata não sabia bem como relatar, pois ela não havia visto ainda nem Júlio nem Giovanni, porém os criados haviam comentado que eles haviam sido supliciados. Ela tentou dizer a Pietro que alguma coisa grave havia acontecido, mas o filho, pedindo licença e com lágrimas nos olhos, se dirigiu apressado à moradia dos amigos.

Ao chegar, Pietro se deparou com aquele quadro que jamais sairia de sua lembrança. Viu Júlio sentado à tosca mesa na cozinha, segurando com enorme sacrifício um caneco contendo leite, tentando levá-lo à boca. Viu marcas de tortura em seus braços e no rosto. E se deu conta de que Júlio não tinha os dedos de ambas as mãos.

Nesse momento, seu olhar encontrou Giovanni sentado ao lado da pequena janela, e não conteve o grito de horror, quando viu que seu rosto fora duramente atingido pela violência, e então percebeu que os olhos do amigo querido estavam opacos e disformes.

Pietro foi tomado por imenso desespero, e chorando se ajoelhou aos pés de Júlio, suplicando perdão, pois se sentiu culpado por todo aquele quadro. Giovanni, ao reconhecer a voz do Amigo amado, levantou-se e foi em sua direção. Como acontece aos deficientes visuais, a sensibilidade se amplia de maneira extraordinária, permitindo que outros pontos de percepção fiquem muito aguçados.

– Amigos, irmãos, eu nada fiz por vocês! Deixei-os no pior momento de suas vidas! Perdoem-me! Jamais poderia imaginar que os encontraria nesta situação!

Pietro em lágrimas relatou aos amigos os fatos ocorridos naquela noite inesquecível em que ele e sua irmã foram obrigados pelos pais a se retirarem de sua casa, de forma inesperada. Falou-lhes da viagem sofrida e do sofrimento imenso que atingiram a Nina e a ele, diante daquela separação. E insistiu em dizer que seus pais haviam se encarregado de levá-los logo pela manhã para Santa Luccia, onde ficariam protegidos.

– Meu amigo – disse Júlio – eu confesso que no momento em que fomos presos pelos soldados que servem ao Clero, no cumprimento do que eles chamam de dever cristão, ficamos surpresos, mas, algo nos dizia que os motivos reais não estavam sendo revelados.

– Sentia que não estávamos sozinhos – disse Giovanni. – Nosso Amigo Espiritual Túlio se fazia visível, pedindo calma, coragem e fé, nos fortalecia com sua presença luminosa. Fomos levados a um subterrâneo fétido e escuro e ali permanecemos por alguns dias. Recebíamos água e pão apenas, e permanecemos em oração, suplicando forças a Jesus.

– Confesso a você – disse Júlio, com a voz embargada – que por alguns instantes me deixei conduzir por caminhos mentais perigosos, chegando a pensar que você nos havia abandonado, ao saber de nossa prisão. Não víamos ninguém, e quando a ração de pão e água era depositada sob a porta, eu chamava, desesperadamente, aquela pessoa que ali estava, o mesmo acontecendo com Giovanni que estava em cela próxima.

– Era possível se ouvir o barulho de outras celas, e assim nós podíamos nos comunicar, embora com dificuldade – disse Giovanni. A presença do Amigo Espiritual Túlio se fazia constante, conforme relata Júlio, e conforme eu mesmo sentia. Em dado momento, a porta da cela se abriu e fui conduzido a um salão onde avistei Júlio, com as mãos amarradas, assim como eu as tive amarradas ao sair da cela.

– Ajoelhem-se perante a cruz – dizia o bispo apontando para nós. E assim, obedecemos.

– Confessem que vocês se deixaram iludir pelo demônio, ao enganar aquelas pobres criaturas, oferecendo a elas alimentos, para poder induzi-las a acreditar que por seu intermédio, milagres pudessem acontecer! Confessem!

– Confessem que almas satânicas levaram vocês a praticar curandeirismo, supondo que poderiam curar pessoas, fora da Igreja!

– As ordens eram proferidas em altos brados – dizia Júlio – mas não conseguíamos falar, pois quando tentamos justificar, fomos impedidos por açoites que nos atingiram o rosto. E assim, aquele suplício se prolongou por longas horas.

– Leve-os de volta às celas – ordenava o clérigo auxiliar. E assim, por mais três vezes, fomos conduzidos àquele ambiente sombrio, repetindo-se as mesmas perguntas, e novamente não deixando que nenhum de nós respondesse coisa alguma.

– Naquela noite, o sono foi muito conturbado. Visões assustadoras me faziam suar frio – dizia Júlio. Tinha a impressão de que era conduzido a várias batalhas, onde eu atacava, sem piedade, jovens marinheiros, e saqueava a embarcação, ferindo e matando.

– O mesmo aconteceu comigo – relatou Giovanni. A noite foi terrível. Eu fui conduzido a um Palácio onde via pessoas trajando fardas com emblemas reais, e tinha a sensação de que era eu mesmo, embora minha aparência fosse diferente, a pessoa que chefiava aquele local. Via depósitos de ouro e pedras preciosas; e vários corsários ali estavam entregando o fruto de seus saques, e eu, em nome da realeza, tirava deles quase que a totalidade do que haviam conseguido, e não permitia discussão. Eu olhava minuciosamente tudo o que era confiscado, e ordenava que uma parcela ínfima fosse destinada àqueles que arriscavam suas vidas nos saques efetuados.

– Ao acordar, estava extenuado, e naquele instante, a presença do Amigo Espiritual veio fortalecer minha alma combalida. Ao ouvir dele que era chegado o momento do reajuste para com as Leis de Causa e Efeito, senti medo do que poderia acontecer. Mas, bondosamente, Túlio segurou minhas mãos e disse:

– Irmão, confie, nós estaremos juntos e nosso Mestre Jesus não irá desampará-lo.

– E, naquele dia, o veredicto era proferido de forma solene e cruel:

– Este herege será poupado, para que possa se converter, porém haverá de perder a visão, a fim de que não possa mais induzir pessoas a seu fanatismo, nem possa buscar em leituras infernais, direcionamentos condenáveis perante nossas Leis.

– No meu caso – dizia – Júlio – após aquela noite atormentada, também fui balsamizado pela presença amiga de Túlio que igualmente me sustentou com sua fé e seu amor, me assegurando que Jesus estaria me fortalecendo diante de provas acerbas, às quais eu havia me programado na Espiritualidade onde permaneci por longo tempo.

– Da mesma forma a crueldade em se decidir acerca da vida de alguém, se fez presente. A sentença determinada por aquele Tribunal foi que eu tivesse os dedos decepados, a fim de que não mais pudesse utilizar as mãos como fazia até então. Os gestos considerados satânicos eram apenas a imposição de mãos sobre nossos irmãos doentes, o que foi considerado uma pretensão de se dar uma benção, fato que não era admitido ser realizado por alguém de minha condição.

Capítulo 26

Desespero e sofrimento de Pietro

PIETRO, OUVINDO O RELATO DOS AMIGOS, começou a sentir algo muito ruim, dentro de si. Uma sensação de ódio, de dor, de mágoa tomou conta de sua alma. Mesmo diante da calma e da resignação dos amigos Júlio e Giovanni, ele se deixou dominar por aquele rancor que crescia à medida que os amigos relatavam todo o suplício porque passaram.

Pietro se deixou envolver por antigos desafetos que aguardaram um longo tempo para poder atingi-lo, e aos poucos foi se deixando dominar por sentimentos inferiores. Sentia raiva dos pais, e sem perceber estava revoltado com tudo e com todos.

Após ouvir as palavras de Júlio e de Giovanni,

ele novamente pediu perdão, foi abraçado pelos amigos que lhe afirmavam, de modo emocionado, que nada tinham a perdoar. Deixaram claro que eles sabiam que tudo simplesmente cumpria as Leis de Causa e Efeito, e que se os fatos se desenrolaram daquela forma, fora a Justiça Divina que assim determinara. Júlio e Giovanni transmitiam tanta paz que Pietro se envergonhou dos pensamentos que estavam presentes em sua tela mental, naquele momento.

Júlio naquele instante assumiu uma aparência diferente e se dirigiu a Pietro, informando que o Amigo Sérvio ali estava e gostaria de dizer algumas palavras.

– Amigos, que a paz de Jesus esteja em seus corações. Há algum tempo nos reunimos na Espiritualidade alertando seus corações, pois seriam iniciados os grandes testemunhos a que cada um de vocês se comprometeu. Lembram-se? Naquele encontro memorável, suas almas se rejubilaram diante do momento em que teriam oportunidade de se reajustarem perante as Leis Divinas, saldando assim antigos débitos contraídos em eras remotas. E, o Pai Divino os sustentou nesta prova, e estará sempre ao seu lado, fortalecendo estes testemunhos. Os fatos aconteceram dentro da programação preparada para a evolução de todos.

Pietro, busque Jesus, meu filho! Não permita que estes sentimentos que penetraram sua alma possam criar raízes! Muito se espera de você! Seus amigos se portaram como verdadeiros cristãos, e você não irá fracassar em seus propósitos, não é mesmo? A sua tarefa começa agora, e Jesus confia em você, no seu espírito forte e destemido. Vocês permanecerão juntos, porém com muito cuidado, pois sabem da vigilância constante que paira sobre vocês.

Busquemos na fé, na união, no amor os recursos para a luta diária.

Muita paz, em nome do Cristo Jesus!

Naquele instante memorável, os três amigos entenderam que a tarefa de amor não seria interrompida. O abraço fraterno que os uniu selou aquele compromisso assumido na Espiritualidade, e que seria nessa oportunidade cumprido com destemor.

Pietro decidiu que falaria com seu pai acerca do trabalho que estava reservado a ele, como primogênito da família, e também acerca da continuidade dos seus propósitos como servidor de Jesus, assumindo definitivamente sua vida como cristão.

Tão logo Giácomo retornou naquele dia, Pietro disse ao pai que se fazia necessário terem uma conversa a respeito de seu futuro. Em seguida ambos se dirigiram ao gabinete de Giácomo, onde Pietro demonstrou interesse em acompanhá-lo no aprendizado de todo aquele complexo controle de suas propriedades, da produção agrícola, das exportações, enfim de todas as frentes de trabalho que seu pai tinha sob seu comando e que naquele momento ele gostaria de compartilhar.

Giácomo se alegrou muitíssimo com a atitude do filho, e o convidou para um brinde. Pietro, antes de levantar o brinde, pediu mais um minuto de atenção ao pai e o informou que suas decisões iam mais além, pois havia visitado seus amigos Júlio e Giovanni, e ficara horrorizado com o quadro que se apresentava.

– Meu pai, o senhor os viu recentemente?

– Não, meu filho, não me foi possível ainda, diante dos compromissos urgentes e inadiáveis com que tenho me deparado, mas ordenei que eles recebam os alimentos que necessitam para sua sobrevivência.

– Alimentos? Meu pai, isto é o menos importante! Eles estão vivendo em condições lamentáveis, pois ambos ficaram mutilados pela selvageria praticada em nome de Jesus!

– Eu estive na mísera moradia de Giovanni, pois depois dos acontecimentos, tudo ali se modificou. As condições físicas em que eles se encontram nos obrigam, como pessoas de bem, a oferecer a eles acomodações aqui no Palácio.

– Você enlouqueceu filho? Sua mãe jamais aprovará esta atitude!

– Meu pai, quando o senhor decidiu que eu e Nina iríamos para outro local, a fim de nos proteger, afirmou a mim que iria cuidar para que Júlio e o professor Giovanni fossem levados para Santa Luccia imediatamente. Entretanto, não cumpriu sua palavra!

– Cale-se! Não permito que você me recrimine!

– Perdoe-me, meu pai, mas já não posso mais aceitar passivamente sua opinião, diante de fatos lamentáveis que poderiam ter sido evitados, se houvesse pelo menos um pouco de sentimento cristão em seu coração.

Naquele momento, Sérvio envolvia, com fluídos de serenidade e luz, aqueles dois espíritos que por longas eras já haviam se desentendido e provocado grandes sofrimentos a ambos. Existia entre eles um comprometimento imenso diante de graves conflitos que no passado fizeram parte de suas vidas, criando um abismo de paixões.

Houve um silêncio tumular. Pietro em lágrimas recolheu-se a um canto daquele ambiente finamente decorado. Giácomo, cabisbaixo, teve a impressão de que alguém que lhe era muito querido o abraçava. Sentiu-se diminuído diante da coragem do filho, e ouviu, no recôndito de sua alma, palavras que o acalmaram.

– Filho querido, não perca mais uma vez a oportunidade de fazer florescer em sua alma as flores perfumadas da paz e do perdão. Lembre-se do quanto eu o encorajei a lutar contra o orgulho que sempre dizimou seus mais belos propósitos.

Giácomo sentia a presença de sua mãe, ali, junto dele, mas não conseguia entender como aquilo poderia acontecer, se ela já havia morrido há mais de 10 anos!

– Não, meu filho! Eu não deixei de existir! O que morreu foi aquele corpo físico, combalido, mas o espírito é imortal! Eu continuo viva, e amando muito você, o nosso Pietro e toda a sua família, que para mim representa tesouro divino.

Giácomo, meio atônito, olhou para o filho que em lágrimas registrou mediunicamente o que estava ocorrendo ali naquele ambiente.

Pietro recebeu o abraço da avozinha querida, que o fortaleceu diante daquele reencontro de perdão que já havia sido adiado tantas vezes.

– Filho, eu vou atender ao seu pedido. Vou ordenar que Júlio e Giovanni sejam encaminhados para o Palácio, e acomodados na ala destinada aos servos, de forma que possam ser tratados com os cuidados necessários. Aproxime-se, deixe-me abraçá-lo!

Capítulo 27

O retorno de Nina

Apesar da reação de Annunciata, as ordens de Giácomo foram cumpridas, e os amigos queridos foram acomodados em local mais confortável, onde passaram a receber cuidados que os auxiliaram a curar as feridas que ainda existiam no corpo físico.

Pietro assumiu junto ao pai seus compromissos na vida econômica e financeira da família. E assim, já havia se passado seis meses, e o que foi possível recuperar em mobilidade já permitia a Júlio e a Giovanni cuidarem de si mesmos, e até procurarem servir de algum modo nos trabalhos rotineiros do Palácio.

Giácomo havia partido há uma semana, rumo a Madri, pois após muita mobilização de recursos e de influência, ele tinha em mãos a carta-autorização para que

Nina deixasse o convento, e pudesse retornar ao convívio da família.

Pietro, Júlio e Giovanni já haviam reiniciado suas reuniões de estudos e naquela noite, após as preces habituais, o Amigo Espiritual Sérvio dirigiu-se ao grupo.

– Filhos amados, que a paz de Jesus os envolva nesta noite especial. Juntos de nossa Nina vocês estarão, após o desdobramento natural, cuidando do planejamento das tarefas de socorro que os aguardam junto aos doentes e abandonados. Jesus, em Sua imensa bondade, estará fortalecendo e iluminando cada um de vocês neste novo momento de suas vidas.

Os amigos emocionados agradeceram ao bondoso Mensageiro Divino e se prepararam para o encontro anunciado.

Tão logo se recolheram, foram conduzidos por Túlio até o Convento em Madri, onde Nina também em espírito os abraçava emocionada e feliz.

– Nina, irmã querida, nosso pai está chegando até você para reconduzi-la ao nosso meio! Estaremos juntos novamente, e poderemos servir ao nosso Mestre Jesus, agora mais fortalecidos nesta tarefa! Alegre-se minha querida, pois em breve nos reencontraremos!

Nina retornou ao corpo físico, e se sentiu muito feliz, aliviada, serena, e se lembrou do encontro com o irmão e os amigos queridos, porém sem ter conhecimento dos detalhes. Uma sensação de felicidade invadiu sua alma.

Sua saúde já não estava tão equilibrada quando de sua chegada ao Convento. A disciplina rígida, a alimentação frugal, a saudade da família haviam contribuído para o enfraquecimento físico de Nina.

Aos primeiros clarões do sol, Nina levantou-se para as orações matinais, e sentiu certa ansiedade, entretanto ainda sem explicação. Após o desjejum habitual, dirigiu-se à horta para cumprir suas tarefas diárias.

Após algum tempo, foi avisada por uma noviça que estava sendo chamada pela Irmã Superiora, o que a deixou surpresa. Dirigindo-se ao interior do Convento, sentiu o coração bater de forma acelerada, e quando a Irmã Superiora a informou que seu pai a aguardava do lado de fora, uma forte emoção a invadiu, fazendo com que se esforçasse muito para se manter em pé. De forma um tanto ríspida foi convidada a recolher seus poucos pertences, no que foi acompanhada até o portão de saída.

Com a rapidez de um relâmpago, Nina estava pronta para encerrar aquela fase de sua vida. Agradeceu a Irmã Superiora pela acolhida, e beijou-lhe as mãos, em atitude de profunda humildade. Em seguida, abriu o pesado portão, e se atirou nos braços de seu pai.

– Meu pai! Quantas saudades! Quanto supliquei a Deus por este momento!

– Filha, eu também intimamente sempre desejei poder buscá-la para que retornasse ao nosso convívio. Havia um imenso vazio em nossas vidas, desde que você precisou nos deixar naquele momento tão difícil para nossa família. Mas, agora, finalmente iremos viver em paz, livres de temores, não é mesmo?

E assim, Giácomo e Nina retomaram o caminho de volta, cada qual imaginando como seria o futuro daquela família. Nina temia em fazer a pergunta que estava travada em sua garganta, mas criando coragem, disse ao pai:

– Meu pai, Júlio e o Professor Giovanni conseguiram se

refugiar em segurança lá na Santa Luccia, naquele dia nefasto? E Pietro, como está ele?

Giácomo titubeou ao responder, escolhendo as palavras de forma a não relatar toda a realidade dos fatos, naquele momento em que ele reencontrava a filha querida. Disse de forma superficial que, infelizmente, os amigos tinham sido aprisionados para interrogatório, mas se limitou a meias palavras, e procurou encerrar aquele assunto ao dizer que ambos estavam atualmente residindo na ala dos servos, a pedido de Pietro.

Nina deu-se por satisfeita, pois em sua sensibilidade conseguiu perceber que o estado emocional do pai estava em desequilíbrio diante daquela pergunta, e resolveu aguardar a chegada em Florença, onde pessoalmente poderia se inteirar dos fatos.

Sem maiores dificuldades, pai e filha chegaram finalmente ao convívio da família.

A emoção ao reencontrar o irmão querido foi imensa, fazendo com que Nina tivesse um rápido desmaio, ocasionado pela fadiga da viagem e pelo seu estado de saúde que estava um tanto preocupante.

Pietro percebeu a palidez da irmã e se preocupou, pedindo imediatamente que o médico da família fosse chamado com a máxima urgência.

Se a comoção geral pela chegada de Nina tomou conta de todos os corações, o mesmo não se deu com relação à sua mãe. Annunciata se esforçou ao máximo para combater a rejeição, mas ainda assim não demonstrou aquela espontaneidade que seria normal. As fortes marcas no inconsciente ainda pesavam em suas emoções.

Nina retomou a consciência em poucos instantes, sendo

acomodada no ponto mais ventilado do salão principal onde os servos já haviam providenciado água fresca.

Ainda naquela tarde o médico examinou cuidadosamente sua paciente, e por conhecê-la desde o nascimento, não teve dificuldades em apresentar seu diagnóstico. A tristeza, a saudade, a ausência de notícias de seus seres queridos motivaram uma carência orgânica intensa, agravada pela alimentação precária e o resultado era um enfraquecimento geral. Recomendando uma dieta adequada, e orientando a conduta mais adequada para sua recuperação, ele se despediu de Nina, reafirmando a necessidade de elevar seus pensamentos a um patamar de otimismo e alegria.

Após a saída do médico, Nina pediu a Pietro que lhe fizesse companhia, pois seu coração estava ansioso por notícias dos amigos queridos. O irmão estava temeroso de lhe relatar todos os acontecimentos, e iniciou a conversa falando do período em que esteve na França. Falou tudo o que vivenciara em Paris, da hospitalidade maravilhosa que desfrutada, de seus momentos de tédio e preocupação, enfim procurou ganhar tempo, a fim de que a irmã estivesse mais tranquila e serena.

Em dado momento, Nina o interrompeu com toda delicadeza que a caracterizava.

– Pietro, irmão querido, agora gostaria de saber de Júlio e do Professor Giovanni. Como estão eles? Papai me informou que eles agora vivem aqui também! Porque ainda não vieram me ver? Acaso não foram informados de minha chegada?

Pietro sentiu que não teria mais como protelar. E, calmamente, disse para a irmã que muitas coisas haviam acontecido naquele período, e que relataria tudo a ela.

Assim, por mais de duas horas, Pietro discorreu acerca de toda a trajetória dolorosa que os dois amigos percorreram, procurando não se aprofundar demasiadamente nos pontos mais chocantes. As lágrimas inundaram o rosto dos dois irmãos, pois a dor que atingira os amigos machucava aqueles espíritos que se amavam verdadeiramente.

Nina quis vê-los imediatamente. Pediu a Pietro que a levasse onde eles se encontravam, ou os trouxesse até ela. Nesse momento, Pietro percebeu que precisaria tocar na parte mais chocante de toda aquela epopeia, pois ainda não havia informado à irmã a respeito das mutilações a que os amigos haviam sido sentenciados. Aos soluços ele disse a Nina quais eram as condições físicas de Júlio e do Professor Giovanni, naquele momento.

O impacto foi intenso. O choro convulsivo tomou conta daquele espírito que trouxe compromissos marcantes em direção ao perdão e ao trabalho. Por alguns momentos ela também, tal como já havia se passado com Pietro, sentiu-se invadida por sentimentos de indignação, de revolta e até mesmo de ódio. Um verdadeiro turbilhão emocional tomou conta de sua alma, e se sentiu traída pelos pais. Embora não pudesse expor aqueles pensamentos, ela decidiu que a partir daquele momento retomaria a prática da caridade material e espiritual que seria seu único ideal nesta vida.

Assim, Pietro solicitou a um servo que providenciasse a vinda dos amigos até os jardins centrais do Palácio, e conduziu sua irmã até aquele caramanchão que ela mais apreciava, onde havia flores de imensa delicadeza, exalando suave perfume naquele local aprazível.

A chegada de Júlio e a do Professor Giovanni novamente

motivaram fortes emoções naqueles corações sofridos e preparados para o resgate por meio de provas dolorosas. Rompendo barreiras sociais, Nina os abraçou emocionada, e por alguns instantes aqueles quatro espíritos sentiram a presença intensa dos Amigos Espirituais que os reunia para dar início à parte decisiva da vida física de cada um deles.

Naquela noite Nina não conseguia conciliar o sono, diante de tantas emoções vividas. Após orar com a intensidade de seus sentimentos, adormeceu profundamente, e na manhã seguinte despertou bem cedo, habituada que estava com a rotina do Convento. Contemplando aquele céu de um azul intenso, sentiu que sua alma estava preparada para se dedicar aos irmãos menos afortunados, e motivada por este ideal, procurou pelo irmão no salão onde ele e seu pai faziam o seu desjejum. Ela os abraçou, desejando-lhes um bom dia, e dizendo a Pietro que gostaria de conversar um pouco.

Logo após o café da manhã, e como ainda era muito cedo, ambos se dirigiram ao jardim, onde Nina comentou com o irmão que havia decidido iniciar as visitas à comunidade sofredora, o mais rápido possível. E estava em dúvida acerca da possibilidade da participação de Júlio e de Giovanni, após tudo o que havia acontecido.

– Irmã querida, antes de sua chegada, nós já estivemos conversando acerca da continuidade de nossas tarefas redentoras, e ambos estão dispostos e retomar este trabalho. A prova sofrida veio fortalecer ainda mais o ânimo daqueles guerreiros.

Nina se sentiu imensamente feliz ao ouvir aquelas palavras. Os irmãos decidiram que no final daquele dia se reuniriam em local discreto para planejar como realizariam a distribuição de alimentos, as reuniões cristãs e os atendimentos fraternos aos doentes.

Havia um pequeno bosque na lateral do Palácio, onde, desde crianças, Pietro e Nina se refugiavam em pequena gruta de pedras que tinha na entrada uma bela queda d'água, e em suas reentrâncias, formavam-se pequenas saliências que formavam um círculo, dando uma aparência de pequena sala.

Para lá se dirigiram os quatro amigos encarnados, enquanto eles eram aguardados pelos Amigos Espirituais que os intuíram este local. Depois de sentida oração, a energia e a luz que ali se faziam sentir transmitiram a Pietro, Nina, Júlio e Giovanni uma fortaleza inenarrável. Enquanto eram traçados os planos de ação, Giovanni, dirigindo-se aos amigos, informava que ali presente encontravam-se seus Orientadores e Amigos Espirituais – Sérvio e Túlio.

Aguardando as palavras do Amigo Espiritual que seriam proferidas por meio da mediunidade de Júlio, aquele pequeno grupo se mantinha em prece.

– Irmãos queridos, que a paz de Jesus lhes traga as forças necessárias para as provas decisivas. A luta será intensa, a fé será a única arma que lhes garantirá a vitória. O exemplo do Mestre Jesus lhes servirá de guia em todas as horas. Não esperem receber compreensão daqueles corações mais próximos, pois o caminho que vocês escolheram é opção amadurecida por décadas de preparação na Espiritualidade. É chegado o momento da semeadura profunda, em que as asperezas do caminho serão intensas! Juntem suas mãos e seus corações, e peguem a charrua! Deus os guiará e protegerá! Não temam!

Aquele pequeno grupo sentiu-se seguro e tranquilo, e ficou estabelecido que duas vezes por semana, ao entardecer, retomariam os encontros com Jesus, junto aos irmãos necessitados.

Capítulo 28

Recomeçando a jornada da caridade

Pietro sentiu que havia chegado o momento de informar a seu pai as decisões tomadas. Sabia que não seria nada fácil aquele diálogo, porém aquela conversa já havia se iniciado, tempos atrás, quando ele retornara de Paris e ambos, após difícil confronto, estavam cientes das intenções de Pietro.

Dessa forma, naquela noite após o jantar, Pietro solicitou ao pai alguns instantes para uma conversa. Nina pediu para participar, porém Pietro negou seu pedido.

– Nina, compreenda que será mais fácil a conversa se estivermos apenas nós dois, pois você sabe que nosso pai é espírito austero e orgulhoso, dificultando assim qualquer diálogo.

Giácomo fechou atrás de si a porta da enorme biblioteca, pois sabia no seu íntimo qual seria o teor daquela conversa. Ao mesmo tempo em que ele se dizia contra os absurdos que o filho pretendia, sentia que não tinha poder para modificar os sentimentos de Pietro. E agora, sabia que a filha também compartilhava daquelas alucinações. E, como se não bastasse, Giovanni, a quem ele sempre admirou pelos conhecimentos, também compartilhava daquelas loucuras.

A conversa foi dura, difícil, e Pietro, intuído por Sérvio, apontou a seu pai que sua vida não tinha nenhum sentido, se ele não pudesse atender aos anseios de seu coração. Deixou claro que a fortuna que a família ostentava não tinha para ele nenhum valor, se não pudesse amenizar o sofrimento de seus semelhantes. E utilizou tão bem seus argumentos que Giácomo, após uma longa explanação feita por seu filho, o qual era intuído por Sérvio, disse com voz cansada:

– Meu filho, você sabe de minhas convicções. Não vou lhe dizer que vou apoiar estas atitudes insanas, mas posso lhe assegurar que não vou proibir. Você agirá guiado por seus ideais, e eu simplesmente vou ignorar seus passos nessa ideia que para mim é doentia. Você é um homem íntegro, e que teve oportunidade de sentir bem de perto todo o perigo desse comportamento. Hoje a perseguição religiosa está um pouco mais amena, aparentemente, mas nós sabemos que por trás dessa falsa calmaria, o turbilhão repressor não deixou de existir. Assim, como Pilatos, eu lavo as minhas mãos.

– Obrigado, meu pai! Serei eternamente grato. Eu mesmo cuidarei para que nosso trabalho de caridade e de amor seja o mais discreto possível, pois não tenho intenção de criar problemas para nossa família. Como é de seu conhecimento, tanto eu quanto Nina, Júlio e Giovanni também sabemos dos riscos, mas acima de tudo, estamos seguindo nossos corações. Mais uma vez, obrigado, meu pai!

Pietro, antes de se recolher, procurou a irmã e os amigos para lhes dar as boas notícias, e lhe disse que dentro de dois dias iniciariam sua jornada de caridade.

Giovanni já não era jovem, e sendo o mais velho do grupo sabia de suas limitações, especialmente na situação em que se encontrava. A cegueira fez com que sua sensibilidade se desenvolvesse de forma espantosa, ele apontava aos amigos qual seria o local mais seguro para desenvolverem suas atividades.

Dois dias depois, após escurecer, o pequeno grupo se dirigiu ao vilarejo miserável, onde aqueles necessitados já os aguardavam, pois haviam recebido um mensageiro que Pietro enviara, comunicando o reinício dos encontros. Havia muito sofrimento, crianças famintas, idosos doentes, homens e mulheres sofridos. Todos recebiam alimentos e roupas, junto a um abraço fraterno. Ao final daquela distribuição, todos se sentavam no chão batido para ouvir a palavra do Evangelho.

Nina fez a oração de agradecimento a Jesus: Giovanni e Pietro falaram com emoção do Evangelho do Mestre, e Júlio, apesar da mutilação sofrida, levantou seus braços e com a palma das mãos captou intensa luz que era projetada individualmente àqueles fiéis que com muita fé aguardavam aquela benção de amor, que eles recebiam com alegria e esperança.

Um verdadeiro farol iluminava aquelas almas e naquele

momento a energia intensa, que era emanada daqueles médiuns e da Espiritualidade presente, promovia curas extraordinárias. O ambiente que se formava trazia imensa paz a todos e a alegria reinava em todos os corações.

A mensagem do Evangelho, aliada ao socorro espiritual que ali ocorria, amenizava o sofrimento de dezenas de pessoas que imensamente felizes deixavam aquele local. Eram socorridos nas necessidades espirituais e físicas, pois os alimentos e roupas que recebiam aliviavam-lhes o frio do corpo, e os conhecimentos, mais o auxílio espiritual aliviavam o frio da alma. A gratidão estampada nos olhos desses irmãos acompanhava aquele grupo de tarefeiros durante todo o trajeto de retorno ao Palácio.

Durante seis meses aquele atendimento fraterno ocorreu sem problemas. Porém, as trevas do ódio já estavam traçando a teia da perseguição, e preparava seu golpe final.

Capítulo 29

Na reta final

A NOITE ESTAVA CLARA, com a presença luminosa da lua os amigos se dirigiam ao seu refúgio da caridade, como eles denominavam. Aparentemente, tudo estava dentro da normalidade.

Feita a distribuição dos alimentos, todos se dirigiram ao espaço de chão batido para ouvir a mensagem do Evangelho, como normalmente ocorria. A atenção daquele grupo de fiéis era total. As crianças em silêncio, os idosos profundamente concentrados nas palavras proferidas, e todos estavam envolvidos naquela atmosfera de amor. Já ao final da prece, algo inusitado iria ocorrer.

Naquele momento ouviu-se um tropel de cavalos e Pietro, abrindo os olhos avistou alguns soldados envergando uma túnica acinzentada na qual havia pintado na frente uma enorme cruz vermelha. De imediato ele entendeu o perigo que os rondava. Giovanni, com sua percepção aguçada colocou-se na frente de Pietro dizendo que ele era o responsável por aquela reunião, impedindo que os demais membros do grupo dissessem alguma coisa.

Ele implorou a Pietro que se calasse. Nina e Júlio estavam em meio ao grupo, pois iriam iniciar o atendimento fraterno, e foram impedidos, a um sinal de Giovanni de se manifestarem.

Um dos soldados saltou do cavalo e esbofeteou violentamente Giovanni que de imediato caiu ao chão. Naquele momento Pietro não se conteve e partiu para a reação. Mas, foi contido por outro soldado que não o agrediu, mas o empurrou para trás, enquanto Giovanni foi ferido mortalmente pelo soldado que o agredira. Nesse momento Júlio se adiantou em direção aos amigos, e se abaixou para socorrer Giovanni, procurando auxiliar Pietro que já se desvencilhara do soldado. Para espanto de todos, Júlio foi atacado pelas costas, e ferido com um punhal caiu imediatamente, ferido de morte.

Pietro, em completo descontrole, se atirou sobre o soldado, o qual com rapidez espantosa se virou com o punhal na mão e acertou com um golpe certeiro o coração de Pietro. Dessa forma, os três amigos de outrora estavam ali, juntos, encerrando sua missão redentora, amparados pelos Espíritos Sérvio, Túlio, Tito e Angélica que os acompanhavam desde o início de suas tarefas de amor ao próximo.

Diante do quadro estarrecedor, aqueles soldados comandados por ordens eclesiásticas, aos gritos, ordenavam que todos se retirassem para suas moradias, se não quisessem também pagar o preço daqueles hereges que ali estavam agora recebendo o justo castigo.

Assustados, os pobres homens arrastavam mulheres e crianças, e no meio deles puxaram Nina, que tentou resistir, mas foi levada mesmo assim, por aqueles amigos que queriam poupá-la daquele massacre.

Após alguns segundos apenas, os três corpos já inertes permaneciam naquele local, e os soldados se retiraram rapidamente.

Ao ver que os soldados haviam partido alguns homens que se esconderam daquele bando de assassinos, correram até o local na tentativa de poder salvar os seus benfeitores. Mas, os três amigos já haviam deixado o corpo material, sendo conduzidos pela caravana espiritual para as Colônias de refazimento.

Nina, em completo desespero, também retornou acompanhada pelos novos amigos, e constatou que nada mais havia a fazer. Convidou todos para orar, e em sua sensibilidade, ouviu a voz de Sérvio acalmando-a, pedindo que ela retornasse ao Palácio, pois aquela missão havia se encerrado, mas ela ainda teria mais alguns pontos a serem atingidos, junto à família.

Foi assim que aqueles amigos que já faziam parte de sua família espiritual auxiliaram a acomodar os corpos de Pietro, de Giovanni e o de Júlio na carruagem, que seria conduzida por Luciano até o Palácio. O cocheiro, no momento do massacre, havia escondido a carruagem entre os arbustos, como sempre fazia para não despertar suspeitas.

Era noite alta quando a carruagem retornou com aquela carga dolorosa, e os servos que costumavam auxiliar o grupo fraterno tanto na ida quanto na volta, ali estavam aguardando. E ao ver aquela cena chocante, o choro e o desespero tomaram conta de todos.

De imediato, o mordomo foi até os aposentos do casal, gritando por Giácomo. Ao relatar o ocorrido, o mordomo o fez em voz alterada e Annunciata despertou com todo aquele burburinho. Atônita, quando ouviu que seu amado Pietro estava morto, caiu desfalecida nos tapetes do seu quarto.

Giácomo, pedindo que o mordomo socorresse Annunciata, saiu em desespero para ver o filho, e ao se deparar com aquele quadro macabro sentiu-se desfalecer também. Mas, de imediato recobrou suas forças, ajoelhando-se diante do filho amado.

Em razão das circunstâncias que se deu aquele massacre, Giácomo não podia cobrar nada pela tragédia. Ele sabia que o melhor a fazer seria o sepultamento sem alarde, no cemitério da família que ficava na parte mais retirada de suas terras. Não seria prudente buscar explicações do Clero, e o melhor a fazer seria divulgar que ocorrera um acidente com a carruagem e os três amigos haviam sido mortos em consequência disso.

Assim foi feito. A seu pedido, um servo foi até o local do acontecido e pediu encarecidamente a todos que divulgassem aquela versão que fora criada por Giácomo. E que fosse divulgada a partir daquele dia, para manter também a segurança de todos eles, pois embora não fosse verdadeira, seria o caminho para encerrar aquele episódio triste. Aqueles camponeses que aprenderam a amar o grupo dos anjos do amor entenderam que o melhor caminho para que eles não fossem perseguidos dali em diante seria aceitar a história criada pelo pai de Pietro. E dessa forma, os julgadores do Clero deram-se por satisfeitos, pois todos sabiam que a história era outra, mas, sendo Giácomo um homem de posses, as coisas se acomodaram dessa forma.

Capítulo 30

Nina cumpre sua missão

FOI REALIZADO O SEPULTAMENTO dos três amigos, muito embora Annunciata e Giácomo não estivessem satisfeitos em utilizar o espaço da família para o sepultamento do corpo de Júlio e de Giovanni, próximo ao de Pietro, perceberam que não seria conveniente, diante das circunstâncias, agir de outra forma. Assim, sem saberem, reuniram Edward, Sir James e Henry, que retornaram para dar continuidade à sua escalada evolutiva, minimizando a enorme carga de débitos que acumularam por muito tempo.

A partir daquele momento, Nina passou a sofrer toda a carga de ódio que Annunciata tentara vencer até então. Quando Pietro estava entre eles, a família tinha aparentemente um bom relacionamento. Annunciata tudo fazia para agradar o filho, até se esforçando ao máximo para ser atenciosa com a filha, mas no íntimo sabia que era apenas um verniz.

Com a morte de Pietro, o descontrole emocional de Annunciata chegou a níveis insuportáveis. Ela culpava Nina pelo acontecido, e em suas crises histéricas avançava sobre a filha, a qual precisava se refugiar em seu quarto e ali permanecer por longo tempo.

Desde que retornara do Convento, Nina tinha sua saúde abalada, a qual nunca voltou a ser perfeita. Depois da morte do irmão, e diante do descontrole da mãe, ela foi definhando, mesmo sendo intuída por Sérvio, não conseguia se interessar mais pela vida.

Um ano se passou nessa maratona de sofrimento e Nina apresentava os sintomas da tuberculose que a consumiu rapidamente. Em vão os médicos tentaram melhorar suas condições. Mais seis meses de sofrimento, e naquela tarde amena, ela se entregou aos braços da morte, com muita serenidade e até com certa satisfação.

Naquele momento de desligamento, Sérvio e Angélica ali estavam para recolher aquela alma que levara a tarefa de remissão das discórdias espirituais que a ligavam a Annunciata. Da parte de Nina, houve várias tentativas de reconciliação, mas a mãe não conseguiu vencer as barreiras do ódio que se instalou entre elas, em encarnação anterior.

Adormecida, foi recolhida ao Hospital O Bom Samaritano. Naquele mesmo local foram recolhidos Pietro, Giovanni e Júlio, os quais já haviam sido transferidos para a Colônia de Recuperação Luz e Amor.

Nina, por seus valores morais, teve curto período de perturbação espiritual. Dentro de algum tempo despertou para a vida espiritual, percebendo de imediato que estava viva, mas em espírito, e isso a confortou sobremaneira.

Ao seu lado, a bondosa Angélica sorriu com alegria.

– Querida, que felicidade poder abraçá-la neste retorno das lides na matéria. Como está se sentindo agora?

– Estou bem. Eu me sinto aliviada, pois entendo que aqui poderei caminhar sem as amarras da rejeição que me tolheram nos últimos tempos. Por que fui tão desprezada por minha mãe? Sei que tínhamos dívidas antigas, mas não senti em nenhum momento que ela quisesse pelo menos tentar me amar.

– Nina, este não é o momento para discutirmos a esse respeito. Por hora, vamos tentar levantar e caminhar pelos jardins? Ali você poderá se recuperar mais rapidamente.

Capítulo 31

O retorno dos guerreiros

Nina e Angélica se dirigiram aos jardins do Hospital, onde as esperavam Sérvio e Túlio. Após os abraços fraternos, os Amigos Espirituais conversaram longamente com Nina a respeito dos últimos acontecimentos, pedindo que ela procurasse perdoar com todas as suas forças a rejeição de sua mãe, pois ela precisava muito desse perdão.

Os Amigos esclareceram a Nina que a necessidade daquele perdão era premente, para que ela pudesse romper a linha do ódio que as prendia há muito. E mais, informaram que após a desencarnação da filha, Annunciata prostrou-se na cama, e estava sendo vítima de crises intensas, chegando mesmo a ser amarrada ao leito, para não se ferir.

Nina era dotada de bons sentimentos, e diante dessas palavras, rompeu em choro convulsivo, buscando com a ajuda dos Amigos forças em Jesus para conseguir alcançar a benção do perdão incondicional.

Diante daquela atitude de fé, Sérvio a convidou a se preparar para ter naquela noite um encontro com sua mãe, que seria trazida em espírito para que ambas pudessem se reencontrar. Nina se preocupou, mas Sérvio a tranquilizou.

E assim foi feito. Tão logo Annunciata adormeceu, Túlio e Angélica a conduziram para o Templo do Amor Cristão, local onde se faziam reuniões cristãs, ao lado do Hospital em que Nina fora acolhida. O ambiente era sereno e iluminado, oferecendo energia de amor. Nina já aguardava a mãe, que ao chegar se assustou, e procurou cobrir o rosto. Mas, com imenso carinho Nina se aproximou e a abraçou, dizendo:

– Minha mãe, que alegria poder encontrá-la! Deixe-me abraçá-la como sempre desejei!

E assim envolveu Annunciata, que ficou parada, assustada com aquela atitude da filha.

– Como você pode dizer isso? Você me odeia! Pode confessar! – disse Annunciata em desespero.

– Nós sempre estivemos em disputa pelo amor de Henry. E eu sei que você não me queria por perto, porque nunca esqueceu nosso tempo em Plymouth.

– Não, minha mãe. Eu queria sim o seu amor. Nós nos reunimos nesta última encarnação para tentar uma reconciliação, tanto que eu voltei como irmã de Henry, não é mesmo? A sua condição de mãe o aproximou de seu coração, portanto, não havia competição entre nós. Tudo estava na sua lembrança espiritual, e extravasava no consciente, deixando aflorar lembranças de um passado distante.

Annunciata em silêncio ouvia Nina, enquanto Angélica a envolvia em fluídos de amor e compreensão. O pranto desesperado tomou conta daquela mãe que era tocada pelos sentimentos sinceros de sua filha. Os momentos de silêncio que se seguiram foram rompidos pelo choro de Annunciata, e Sérvio, então, disse a ambas que era momento de reconduzir Annunciata ao corpo físico. Nina abraçou sua mãe comovida, falando mais uma vez do amor que aprendeu a construir em seu coração e que agora era intenso.

Annunciata fora reconduzida ao corpo e despertou com a sensação gostosa de quem havia sido tratada com medicamentos especiais. De imediato se lembrou de ter sonhado com a filha e que elas chegaram a se abraçar. Ficou um tanto confusa com aquelas lembranças, mas adormeceu em seguida, de forma mais natural.

Nina sentiu grande alívio, e conseguiu também repousar após os agradecimentos a Jesus por meio da prece conduzida por Sérvio. Depois daquele dia sua recuperação se completou, pois o peso das emoções negativas já não existia mais.

Foi com grande alegria que recebeu de Angélica a informação que ela também seguiria para a Colônia onde se encontravam Pietro, Júlio e Giovanni. Nina não coube em si de tanto contentamento.

Ao chegar à Colônia, acompanhada por Angélica, Nina foi conduzida à Ala das Reflexões, local onde os amigos já há algum tempo recebiam orientações de como proceder para as análises de sua última jornada terrena.

Aquele reencontro foi de intensa emoção. Já refeitos, os três amigos se apressaram em abraçar Nina. Lágrimas se misturavam ao sorriso que denotava a alegria imensa em se reencontrarem para dar continuidade àquela amizade milenar que os unia.

Com imenso carinho Sérvio, Túlio, Tito e Angélica se reuniram àquele grupo convidando-o a se dirigir ao imenso telão onde algumas cenas seriam mostradas, no intuito de auxiliar na análise e reflexão de algumas vivências terrenas.

Após a prece proferida por Angélica, os amigos se acomodaram a fim de rever cenas do passado. Estavam um tanto ansiosos, pois sabiam que fatos importantes seriam relembrados.

A existência em Plymouth, marcada pela ambição, por traições e por descaso à vida estava sendo apresentada ao grupo. Nina, a se ver como Anne, relembrou toda a saga daquela existência, e de imediato perguntou pelo filho que recebera naquela vivência.

Angélica revelou que aquele espírito que na infância mostrava-se meigo, deixou-se arrastar por interesses rasteiros, tão logo atingiu sua maioridade. Com a desencarnação da mãe, enveredou por caminhos perigosos e causou muita dor e sofrimento a muitas pessoas. Atualmente fazia parte de uma facção do Clero italiano, em que ainda estaria preso à ambição e ao desamor.

– O reencontro de vocês se dará em breve, pois será acometido por forte moléstia que o reconduzirá à Espiritualidade.

– Nina, você terá a oportunidade de socorrê-lo dentro de pouco tempo, pois na realidade ele levara como tarefa, ser condescendente com os praticantes da caridade cristã, como vocês e outros, mas não assumiu essa missão, deixando-se mais uma vez arrastar pela correnteza da avareza e do desmando autoritário.

Os amigos puderam rever cenas tocantes, daquela reencarnação remota que, de alguma forma, explicavam os acontecimentos recentes, dos quais acabaram de vivenciar a experiência que marcaria suas vidas. A certeza de que dessa vez haviam demonstrado integridade moral os aliviava de alguma forma.

Capítulo 32

Em busca de novo aprendizado

Pietro, Nina, Giovanni e Júlio, a partir daquele momento, seguiram para a Colônia Servidores do Cristo. A partir de então eles iriam se preparar para poder acompanhar, muito em breve, as caravanas de servidores que levariam à Terra o auxílio a irmãos necessitados.

Eles tinham conhecimento de que sua caminhada de redenção estava apenas começando, e deveriam se preparar de forma a poder receber, dentro de algum tempo, nova oportunidade de retorno ao mundo físico.

As reuniões de esclarecimento aconteciam diariamente no amplo salão da Colônia e o aprendizado estava sendo assimilado de maneira muito produtiva. Certa noite, após o término daquele encontro fraterno, Pietro, Giovanni, Júlio e Nina foram convidados a participar de um Projeto que iria desenvolver tarefas socorristas na região de Florença.

A emoção tomou conta daquele grupo que de imediato solicitou permissão para integrar aquela missão. Após as orientações, os amigos se prepararam para a partida que aconteceria dentro de dois dias. E assim, chegou o momento de reverem sua terra natal.

O comboio se dirigiu à Europa, passando por várias localidades onde as perseguições religiosas efervesciam, e o amparo espiritual era oferecido a todos aqueles que padeciam por amor ao Cristo. Ao chegarem a Florença, Túlio comunicou que eles, em primeiro lugar, iriam ao Palácio dos Navarro, pois se fazia necessária a atuação de amor junto a Annunciata, que havia atingido completo descontrole emocional, permanecendo confinada em seu quarto, em virtude de não ter nenhuma condição de convivência.

Ao chegarem aos jardins do Palácio, Nina e Pietro deram-se as mãos e, em comunhão com Jesus, buscaram forças para retornar àquele local onde tantas lembranças estavam tão vivas em sua alma.

Túlio se dirigiu de imediato ao dormitório de Annunciata, onde estava à porta um espírito de aspecto aterrador, impedindo a entrada. Ao ver Túlio ele tomou atitude hostil, dizendo que ali era proibida a entrada de desconhecidos. Naquele momento, Nina e Pietro dirigiam-se à biblioteca no intuito de visitar o pai.

Túlio, cuja serenidade era seu traço marcante, esclareceu que ali estava em missão de paz, e que os filhos daquela senhora ali estavam também, para levar a ela o seu amor filial. A energia positiva daquele irmão em Jesus inibiu qualquer atitude daquele irmão menor. Ao visualizar Pietro, eis que sua fisionomia adquiriu novamente um aspecto de ofensiva, e aos gritos ele reagiu de forma violenta:

– Retire-se! Você a desprezou! Por que agora está aqui? E mais, você ainda vem acompanhado daquela pela qual você repudiou o amor intenso que lhe era oferecido!

Túlio, envolvendo Pietro e Nina em fluidos restauradores, os auxiliava a entender que a lembrança do passado em Plymouth estava muito forte naquele irmão em desespero.

– Meu irmão – disse Túlio. Em nome de Jesus eu quero lhe pedir que me ouça.

– Sei que você é pai amoroso e aqui está apenas no intuito de proteger sua filha.

– Peço-lhe que me acompanhe em pensamento para poder se reportar ao passado, e verificar que não houve nenhuma atitude de repúdio ao amor que Annunciata sentia por Henry ou Pietro. Pelo contrário, ele dedicava a ela apenas carinho fraterno!

– Nosso irmão amava Anne, desde pequeno, e jamais prometeu matrimônio à sua filha!

– Ela lhe dedicava amor, sem dúvida, porém, negava-se a aceitar que o coração de seu amado pertencia a outra pessoa, que também o amava sinceramente.

Estas palavras nimbadas de muita luz foram acalmando aquele pai que culpava Pietro e Nina pelos desvarios da filha, e aos poucos ele modificava sua expressão, facilitando a entrada de Pietro e Nina no quarto de sua filha.

– Meu amigo, você se esqueceu de que estes dois irmãos são seus netos? Afinal, foram filhos de Annunciata nesta última roupagem terrena. Pense nisto!

Naquele momento houve uma trégua, pois na verdade aquele avô ainda não havia assimilado esse parentesco. Durante todo o tempo ele apenas via o lado negativo da ligação Annunciata-Nina-Pietro.

Ao adentrarem àquele dormitório, Pietro e Nina se emocionaram verdadeiramente. O estado de sua mãe era lastimável. Ainda que envolvida com muito amor no encontro recente com sua filha, ela ainda se deixava influenciar por irmãos que a direcionavam para lembranças dolorosas. Ao ver os filhos na companhia de Túlio, foi tocada por intensa emoção, pois envolvida em fluidos de serenidade, sentia muita paz, e os abraçou. Ambos a envolveram em seu amor sereno, formando um elo suave e promissor.

– Minha cara Annunciata, este momento é de reconciliação e de perdão. Eu lhe peço que, definitivamente, você se desligue das mágoas do passado, e se esforce ao máximo para recomeçar sua vida, junto a Giácomo. Ele precisa muito de você. Reaja, em nome de Jesus. Lembre-se que seus filhos vivem, e que um dia o amor reinará absoluto em todos os corações.

Após esse encontro, Túlio se retirou juntamente com Pietro e Nina, abraçando o pai de Annunciata que permaneceu junto à porta do quarto, mas já apresentando fisionomia mais amena. Ele se dirigiu a Pietro dizendo que também procuraria mudar seus pensamentos com relação ao passado, pois vendo que sua filha precisaria dele, procuraria estar à altura para ajudá-la.

Outras tarefas estavam programadas para aquela caravana de amor. Túlio, Pietro e Nina se juntaram aos demais, e seguiram a outros locais onde havia a necessidade do amparo espiritual. Júlio e Giovanni aguardavam o retorno dos amigos queridos, e ao vê-los, sentiram que o encontro com sua mãe havia levado serenidade aos seus corações.

Durante dois dias, aquele grupo de trabalho permaneceu em Florença, e para sua alegria, dirigiram-se ao local onde realizaram suas tarefas de evangelização e onde foram vítimas da cruel perseguição religiosa. Uma agradável surpresa os aguardava.

Luciano ali estava, orando junto daqueles camponeses que aprenderam a força da fé, e deram sequência à prática do Evangelho de Jesus. Ficaram imensamente felizes, pois aquele bondoso cocheiro, que servia no Palácio dos Navarro, havia conhecido a Boa Nova, e, silenciosamente, dera continuidade àquele trabalho de amor.

Via-se que alguns homens e mulheres, em sua simplicidade, impunham as mãos sobre os doentes, em momentos de intensa ligação com Deus, e projeções de luz intensa se faziam irradiar em todo aquele ambiente.

A missão da caravana socorrista estava se findando. Retornando à Colônia Servidores do Cristo aquele grupo iniciaria nova etapa em seu aprendizado.

Pietro, Nina, Júlio e Giovanni foram aceitos como trabalhadores do grupo de recepção aos recém-chegados, vítimas de epidemias que assolavam várias regiões da Europa. Sua dedicação era intensa, pois sabiam que estavam no caminho certo.

Após a visita dos filhos, Annunciata passou a apresentar melhora visível, e aos poucos foi se tornando uma pessoa mais doce. Marcas profundas ficaram em seu rosto, que não apresentava o viço da alegria, porém ela já se mostrava mais tranquila, embora nostálgica. Ao contrário da esposa, Giácomo se mostrava cada dia mais áspero e irritado. No trato com os servos, descarregava sua contrariedade, por muito pouco.

Sem perceber, ele agrediu seu corpo físico, com o descontrole de suas reações, e após quatro anos, sofreu um ataque cardíaco que o conduziu de retorno ao Plano Espiritual.

Os filhos, já preparados por Sérvio e Túlio, estavam junto ao pai no momento em que ele se desligava do corpo material. Adormecido, ele foi conduzido ao hospital espiritual onde permaneceu por vários meses naquela situação. O período da perturbação espiritual que a todos alcança, no caso de Giácomo, se alongou um tanto mais, em vista do apego demasiado que ele agasalhava em relação aos bens materiais.

Diariamente, Nina e Pietro levavam seu carinho ao pai. Orando junto daquele espírito em recuperação, ali estavam naquela manhã ensolarada em que ele despertou graças à intervenção de Sérvio que comunicou ter chegado o momento da conscientização do novo modo de vida daquele homem que foi honesto, trabalhador, embora tenha se consumido pelo orgulho e pelo egoísmo.

Sérvio colocou suas mãos sobre a fronte de Giácomo e, orando a Jesus, o chamou à realidade. Em poucos segundos, Giácomo despertou do sono profundo e por alguns instantes ficou estagnado com a visão dos filhos que sorrindo o abraçam.

Ele não acreditava no que estava vendo. Não podia entender como era possível aquela visão, uma vez que os filhos já estavam mortos. Em todas as vezes que Nina ou Pietro lhe falavam acerca da continuidade da vida ele rebatera veementemente essa possibilidade. – Como era possível? Como eles poderiam estar ali, e ele próprio onde estava?

Eram muitas as perguntas que ele fazia mentalmente. Sérvio também respondia emitindo pensamentos em sua direção, e mesmo assim, lhe parecia que ele estava em algum lugar da cidade, que ele não estava reconhecendo. Parecia um local para tratamento de doentes, mas, onde seria? E onde estariam Annunciata, os servos, uma vez que não via nenhuma das pessoas com as quais convivia diariamente!

Nina, com a permissão de Sérvio, segurando nas mãos do pai, relatou a ele todo o acontecido, esclarecendo acerca de sua viagem para a Espiritualidade. A meiguice da filha, que ele tão bem conhecia, estava ainda mais acentuada.

Pietro acompanhava aqueles momentos muito importantes para seu pai. Em dado momento ele também falou, comovido, que eles, naquele momento, estavam todos reunidos no Mundo Espiritual, pois haviam cumprido sua jornada terrena.

– E Annunciata? O que será dela agora? Ela não tem condições de conduzir nossa casa, nossos negócios! Uma mulher não teria condições de administrar nossa fortuna! Como será sua vida a partir de agora?

– Pai, ela já está sozinha há vários meses, pois sua vinda para cá ocorreu há quase um ano.

Capítulo 33

Annunciata assume sua nova vida

PARA SURPRESA DE TODOS, Annunciata que já vinha a algum tempo agindo com serenidade e equilíbrio, tomou as rédeas da fortuna da família. Convocou os servos, e com inteligência conseguiu entender quais seriam os métodos que precisaria utilizar para conduzir as terras em Santa Luccia e o Palácio Navarro.

Conseguiu detectar quais as pessoas em que poderia confiar para auxiliá-la naquela empreitada. Seus dias e suas noites destinavam-se a contas e escritas, pois embora nunca tivesse utilizado tais recursos, ela tinha conhecimento das letras.

Católica fervorosa, Annunciata frequentava a

Igreja Matriz de Florença com assiduidade, e buscava constantemente a ajuda do Padre Giuseppe, que sempre a orientava, inclusive quanto às questões financeiras. Ela buscava ajuda daquele padre que lhe inspirava confiança, mas ao mesmo tempo a assustava quando ele demonstrava certa ambição por riqueza.

Annunciata, durante algum tempo, buscou os conselhos do Padre Giuseppe, mas aos poucos foi se distanciando, pois sentia que em algumas ocasiões ele a induzia a vultosas doações para sua igreja. Procurou se afastar, mas sem sucesso, pois com a aproximação que acabou acontecendo, o padre ambicioso começou a frequentar o Palácio com certa assiduidade.

Na Espiritualidade, Pietro e Nina tomavam conhecimento das reais intenções daquele religioso que não media esforços para a captação de riquezas. Sabiam que nada poderiam fazer. Giácomo, ainda na condição de enfermo, continuava em processo de adaptação ao novo mundo como ele mesmo dizia.

Annunciata, mesmo desconfiando das reais intenções de Padre Giuseppe, sabia que não deveria fechar as portas de sua casa, pois isso poderia representar perigo para ela e para todos que ali viviam. Ela, naquela ocasião, já tratava melhor seus servos, pois tinha somente a eles em sua vida. A busca dos donativos para a Casa do Senhor, como Padre Giuseppe fazia questão de frisar, continuava cada vez mais intensa.

Em cumprimento às Leis Divinas, Annunciata contraiu tuberculose, tal como acontecera com Nina. Constança, fiel servidora, cuidava com toda dedicação daquela senhora que aprendeu a amar, pois durante toda sua vida esteve servindo àquela família, e naquele momento desejava ficar a seu lado, mesmo sabendo dos riscos que corria em também contrair aquela doença.

O estado de saúde de Annunciata se agravava com intensidade. Padre Giuseppe com habilidade convenceu a morimbunda a deixar toda fortuna dos Navarro à Santa Madre Igreja, pois como ele dizia, era a mãe dos pobres.

Assim, durante aquela fria madrugada o estado de Annunciata que já era delicado, se agravara consideravelmente. Durante um fortíssimo acesso de tosse, o sangue jorrava aos borbotões. A serva fiel a seu lado, secando o suor, limpando o sangue, tentava aliviar o sofrimento de Annunciata. Mas, após um espasmo, ela serenou repentinamente. A palidez cadavérica tomou conta de seu rosto, e após alguns minutos a rigidez tomou conta daquele corpo sofrido, que finalmente encontraria repouso.

Naquele aposento, o momento era de grande pesar. Outros servos ali chegaram para auxiliar nas providências necessárias. De imediato, Luciano buscou Padre Giuseppe, que havia deixado o local há poucas horas.

Na manhã fria, o corpo de Annunciata era sepultado ao lado dos filhos e do esposo, como era seu desejo.

A acolhida daquele espírito sofredor, feita com enorme carinho por Nina, Pietro, Sérvio, Angélica, Túlio e Tito, trouxe alívio àquela alma que durante quase toda sua vida terrena enfrentou imensos desequilíbrios emocionais.

Giácomo que ainda não tinha o equilíbrio adequado para auxiliar naquela tarefa, fora poupado dos fatos. No momento adequado seria informado da desencarnação da esposa.

Em espírito Annunciata foi levada ao hospital espiritual onde receberia o socorro necessário. A cura para a alma, tratando as marcas deixadas pela doença física segue o roteiro misericordioso traçado pelo Pai da vida. O tempo em que o espírito permanece em estado de perturbação é de suma importância para que o recém-desencarnado se adapte ao novo modo de vida. Dessa forma, Annunciata recebeu, sem perceber ainda, todo o amor, carinho e cuidados dos filhos que brevemente ela teria a alegria de encontrar.

Assim, após aproximadamente dois meses, Annunciata apresentava condições para o despertar revelador de seu novo modo de vida. Os médicos espirituais que dela cuidaram a despertam com carinho e serenidade. Foram momentos de grande emoção, como é comum a todos que retornam à Espiritualidade.

– Querida irmã, Annunciata, abra os seus olhos! Você se encontra no hospital de recuperação, cercada por aqueles que a amam sinceramente! Com essas palavras, o bondoso amigo que dela cuidara com desvelo, a chamou para a nova realidade.

Annunciata, ao abrir os olhos e se deparar com Pietro a seu lado, foi tomada por alegria imensa. Lágrimas de saudades, carinho e amor correram abundantes naquele rosto ainda sem expressão. Nina se conservava mais distante, aguardando o momento adequado.

Annunciata, segurando as mãos do filho amado, deixou o olhar percorrer por todo o quarto, perguntando-lhe onde eles estavam, e se ela estava sonhando. Naquele instante viu Nina, que tímida aguardava a reação da mãe.

– Minha filha! Como você está linda! Venha até mim, deixe-me abraçá-la!

Nina se surpreendeu com a reação da mãe, e também envolvida em lágrimas, aproximou-se e naquele abraço que demorou muitos anos para acontecer, sentiu que a barreira que existia entre sua mãe e ela havia sido destruída.

– Filha, eu quero lhe pedir perdão pelo carinho que neguei a você. Não sei onde estou, nem o porquê, mas se Deus está me permitindo estar ao lado de vocês, é aqui que quero ficar.

Naquele momento, Pietro, segurando as mãos da mãe e também a de Nina, relatou à mãe todo o processo da desencarnação. Ela teve alguma dificuldade para entender como era possível ter "morrido", como lhe dizia o filho, e estar viva. Ao mesmo tempo sentia que, se eles também haviam "morrido" e estavam ali conversando com ela, alguma verdade existia naquela informação que estava recebendo, mesmo sendo de difícil aceitação.

Vencidas as primeiras dificuldades, Annunciata começou a reagir de maneira positiva.

Capítulo 34

A família se reúne novamente

AQUELA SERIA UMA MANHÃ MUITO ESPECIAL. Túlio, juntamente com Nina e Pietro, seguiram para o hospital onde Annunciata já havia sido informada que deixaria aquela ala, pois já estava em condições de iniciar uma nova etapa de adaptação no mundo novo em que se encontrava.

Ao chegarem ao jardim que circundava todo o espaço do hospital, encontram Sérvio que para ali conduzira Giácomo, o qual já tinha conhecimento de que iria se encontrar com a esposa e que, juntamente, com os filhos teriam uma longa e produtiva conversa.

Em poucos instantes, Annunciata, conduzida por Angélica, era tomada por grande emoção, pois avistava a família que a aguardava em um recanto sereno, composto por flores dos mais variados matizes. Enfim, a família estava novamente reunida.

Giácomo se apressou em abraçar a esposa, no que foi seguido pelos filhos. Aqueles quatro espíritos unidos por laços fortíssimos, que os envolvia em vários sentimentos, desde há muito, sabiam que muito teriam a falar entre si.

– Meus queridos amigos e irmãos, é chegado o momento que cada um de vocês terá a oportunidade de analisar fatos da maior importância que estão nos seus arquivos mentais – falou Sérvio.

– Este encontro é o marco inicial de mais uma etapa em suas vidas.

– Vamos seguir agora para o salão das luzes, onde temos recursos adequados para que todos vocês possam ter acesso a situações que representaram provas difíceis, nas quais houve erros e acertos por parte de todos.

– Quer dizer que vamos poder relembrar nossos passos na Terra? – perguntou Annunciata.

– Sim, minha querida irmã. A bondade de Deus é imensa para com todos os seus filhos, e a melhor forma de aprender com os erros é poder estudar aqui, onde não há nenhuma barreira, quais foram os motivos de nossos desacertos.

– Sérvio, você tem me dito que durante as várias vidas que temos vivido, sempre erramos mais do que acertamos. Isto é verdadeiro? – perguntou Giácomo.

– Não foi bem isso que eu lhe disse. O que ocorre é que temos o livre-arbítrio para tomar todas as decisões, mas, normalmente nos deixamos levar por sentimentos nocivos que acabam prejudicando nossos objetivos de evolução, os quais necessitam, obrigatoriamente, de demonstrações de amor e caridade.

– Bem, se temos de enfrentar os fatos, que isso aconteça – disse Giácomo, acostumado a se fazer respeitar diante da posição social que ocupara recentemente.

Acomodados no salão das luzes, como era chamado pelos Instrutores, pois se dizia que ali se acendiam as luzes da alma diante dos fatos, aquele grupo de espíritos, ligado por muitos compromissos, iniciaria a análise de sua recente romagem terrena.

Os atos e sentimentos de cada um deles foram apresentados em uma espécie de tela onde as imagens têm vida. A primeira etapa mostrou Giácomo e Annunciata, desde sua reencarnação, até o casamento acertado por suas famílias. Nesse período, ambos já demonstravam vários momentos em que foram vencidos pelo orgulho que lhes caracterizava a personalidade. Reviram várias situações em que ambos, dentro da própria família, agasalhavam sentimentos de ódio e inveja em relação aos próprios pais e outros parentes. Relembraram suas atitudes para com servos e criados, os quais não consideravam como seres de Deus, como eles próprios.

Após ligeira pausa, deu início à fase do nascimento de Pietro. Nesse momento, Sérvio informou que a partir dali, juntamente com os fatos, haveria interrupções para que explicações relativas a reencarnações mais remotas pudessem acontecer.

Inicialmente, a reencarnação em Plymouth foi elucidando a cada um deles quais tinham sido os atos ali vivenciados. Toda aquela fase foi sendo mostrada em detalhes, e aos sobressaltos as lembranças foram tomando vida no íntimo de todos.

A pirataria, os desmandos, as traições, a participação de Júlio e do Professor Giovanni, que nessa última encarnação tiveram papel de grande importância na vida de todos eles, foi sendo explicada, mediante a vida de cada um, na remota Inglaterra.

Annunciata sentiu-se profundamente envergonhada em ver os sentimentos que agasalhou desde Plymouth, com relação à Anne (Nina), motivada pela paixão não correspondida por Henry (Pietro). Percebeu que retornara na qualidade de mãe de ambos para poder amá-los com todo o amor maternal, mas falhara nessa empreitada.

Giácomo, ao ver sua participação como John, na vida do filho Henry (Pietro), percebeu o quanto deveria ter sido companheiro nessa última encarnação, visto que era detentor de grande fortuna, e nada fez para ressarcir parte daquele passado de traição, no qual contraiu débitos significativos. Viu que se omitira diante da tarefa de amparo e caridade, para a qual eles foram chamados.

Pietro, a se ver como Henry, começou a perceber o quanto a ambição o prejudicara. Ao ver como tratara a vida de quantos dependiam de suas ordens, bem como a desvalorização da própria vida, sentiu o tamanho de seu débito para com as Leis Divinas. Seu fiel amigo Edward, que naquele momento retornara como Júlio, também fora prejudicado por ele, naquela vida de pirataria em que ele próprio, como capitão, poderia ter utilizado a navegação para o trabalho honesto, sem comprometimento com a pirataria.

Pietro começou a rever aquela luta final, em que não dera nenhum valor à opinião sensata do próprio Edward, e no descontrole provocado pela ânsia da vitória sobre o adversário, e, pela posse das riquezas contidas na embarcação em combate, ele provocara a interrupção de tantas vidas, assim como a sua própria que finalizou oito anos antes do previsto. Essas revelações começaram a explicar o porquê dessa última reencarnação ter aquele desfecho tão doloroso.

Nina, revendo aquela trajetória dolorosa, em que tanto sonhou com a maternidade, e tendo ela acontecido sem que pudesse ter a alegria de apresentar ao esposo amado o filhinho sonhado, entendeu que havia causas remotas para isso. E, como complemento dessas informações, ainda tomou conhecimento da situação atual daquele filho, que no momento estava entregue a comportamentos condenáveis, dentro da condição religiosa que escolhera.

Após as revelações do passado remoto, as situações vividas por Nina, Pietro, Júlio e o Professor Giovanni também foram apresentadas como provas que tiveram como finalidade o ressarcimento parcial dos débitos de cada um deles, cujas causas remontavam a um passado distante.

– E por que eles não estão também aqui? – perguntou Nina.

– No momento devido eles também serão convidados. Por enquanto, não é conveniente que isso aconteça.

Durante logo tempo, as reminiscências do passado daquela família espiritual foram analisadas com sentimentos que iam desde a vergonha, até o arrependimento, permeando, porém, o orgulho que ainda apontava suas arestas.

Sérvio e Angélica, com palavras carinhosas, porém claras, mostraram a cada um dos componentes daquele grupo o quanto ainda deveriam caminhar para extirpar as marcas de tantos débitos contraídos em algumas encarnações.

Com o desejo de lutar contra as próprias mazelas, eles solicitavam oportunidades de aprendizado e de trabalho, cada qual demonstrando o quanto deveria ser percorrido no longo caminho da redenção.

Capítulo 35

Novos campos de ação

Annunciata e Giácomo solicitaram mais algum tempo de aprendizado e reflexão, pois ainda não se sentiam preparados para iniciar aquela fase que lhes fora mostrada, como possibilidade de trabalho de auxílio ao próximo. Na verdade estavam presos a valores que não acrescentavam nada ao patrimônio espiritual.

Pietro e Nina solicitaram a Sérvio sua inclusão nos grupos que se preparavam para servir na recepção dos recém-chegados, vítimas das guerras que estavam assolando a Europa.

Júlio e Giovanni se reuniram aos amigos, depois de algum tempo, já completamente desprendidos das lembranças amargas dos momentos sofridos que tiveram em Florença.

Assim, mais uma vez juntos os quatro amigos receberam permissão para o trabalho no Campo de Restauração Bom Jesus. Eles teriam como tarefa a recepção dos recém-desencarnados em situação de revolta e ódio.

Dentro de pouco tempo, a oportunidade do serviço na caridade surgiu aos novos servidores que estavam ansiosos para colocar em prática o que haviam recebido de instruções para o trabalho de acolhida aos irmãos em estado espiritual bastante difícil.

Pietro e Júlio foram encarregados de conduzir os recém-chegados ao Pavilhão Azul, local onde eram recolhidos aos leitos para tratamento dos ferimentos que deixavam marcas perispirituais e que deveriam ser cuidados para que não restassem os reflexos normais nos casos da desencarnação nos campos de batalha.

Nina e Giovanni providenciavam o isolamento desses irmãos em sofrimento, proporcionando a eles tempo de adaptação ao novo padrão vibratório que imperava naquele local de recuperação.

Annunciata e Giácomo se esquivavam do trabalho, procurando sempre que possível se dirigir a Florença, onde mesmo sabendo de sua condição de espíritos desencarnados, teimavam em se dirigir ao Palácio dos Navarro e à Santa Luccia, locais onde, naquela circunstância, nada mais restava de seus bens pessoais, e que eram utilizados por membros do Clero que ali realizavam encontros e seminários, pois a doação feita por Annunciata, já no leito de morte, lhes deu essa condição.

Se por um lado, Nina, Júlio, Giovanni e Pietro conseguiam amealhar condições para dentro em breve poder retomar sua linha de resgates, Giácomo e Annunciata retardavam a possibilidade de se prepararem para novos voos rumo à regeneração.

Sérvio e Angélica, certa manhã, reuniram-se com Pietro e Júlio e os informou que os amigos Túlio e Tito estavam se preparando para retornar à Terra, pois se aproximava o momento que era aguardado pela plêiade de Espíritos Laboriosos, os quais se encarregariam do movimento renovador daquele Planeta. Provavelmente dentro de dez anos eles renasceriam na Europa.

– Que movimento é esse? – perguntaram os amigos.

– É chegada a hora do Consolador Prometido ser oferecido aos homens de boa vontade – disse Sérvio. Como Jesus prometeu, a Humanidade terrena receberá as bases de uma nova ciência, a qual levará também a filosofia, e juntas formarão a base religiosa para o novo mundo. Em muitos pontos do Planeta, fatos reveladores já estão ocorrendo, mas no momento aprazado, esse facho de luz iluminará, de maneira muito clara, a consciência daqueles que lá estarão para formar o esteio desse novo caminho de luz.

A França tem em sua linha de progresso, o compromisso de romper com todo o ranço religioso e político, e novos movimentos renascentistas renovarão as diretrizes do Planeta. O jovem Napoleão Bonaparte leva o compromisso de abrir os caminhos para o surgimento de uma nova era para a Humanidade. Está depositada nele a esperança de que, com sua postura de coragem, novos rumos sejam delineados por homens de inteligência e de caráter, os quais traçarão as diretrizes para a libertação das consciências.

Este jovem já reencarnou no ano de 1769, dentro do calendário gregoriano e demonstra sua bravura na defesa da França. Aos 19 anos já se revela excelente estrategista, e atualmente atua de forma determinante no movimento da Revolução Francesa.

Após algum tempo, em mais um encontro de trabalho,

Sérvio novamente informava aos amigos Júlio e Pietro que, após lutas acerbas, aquele espírito belicoso que somava vitórias importantes, tornava-se Imperador no ano de 1804, já demonstrando traços em sua personalidade que fugiam aos compromissos assumidos diante do futuro das religiões.

Continuando sua explanação, Sérvio afirmava que foi nesse momento de suma importância para a implantação da Religião dos Espíritos que o próprio Cristo decidiu enviar à Terra outro servidor que estaria mais preparado para executar aquela tarefa que não deveria ser protelada. O próprio Mestre entregara a tarefa mais importante que deveria ser realizada na vida daquele espírito que receberia o nome de Hyppolite Léon Denizard Rivail. Tomadas as providências, reencarnara na cidade de Lyon, na França, em 03 de outubro de 1804, aquele espírito de escol, que possuía todas as condições para ser o codificador do novo caminho religioso que viria concretizar a promessa do Cristo: *Eu vos enviarei o Consolador, e ele vos aliviará*.

Cumprindo o Programa Divino, em 1804, enquanto sagrava-se Imperador, aquele homem que deveria ter aberto o caminho para a renovação religiosa, mas não o fez, reencarnava na França o homem que iria ser o codificador da nova Doutrina, levando em sua bagagem imensos recursos morais e intelectuais amealhados no decurso dos milênios.

– Como vocês sabem, Tito e Túlio reencarnaram há dois anos, na cidade de Paris, e no momento aprazado irão se reunir ao grupo de homens preparados para serem os pesquisadores do novo momento que será vivido pela ciência na Terra.

– E nós, quando poderemos retornar à Terra? – perguntou

Júlio, curioso. Penso que Pietro também comunga de minhas ideias de retornar às lides materiais, estou certo?

– Absolutamente certo – disse Pietro. Sei que provas difíceis deverão ser vividas por mim, e me sinto preparado para isso.

– E como andam nossos amigos Nina, Giovanni, Annunciata e Giácomo? – Júlio perguntou a Sérvio.

– Annunciata e Giácomo têm um longo caminho a percorrer. Nina tem se devotado ao amparo do filhinho que lá em Plymouth agasalhou com muito amor, mas que em recente encarnação se perdeu por descaminhos perigosos. Como vocês sabem, Nina tem ligações muito antigas com aquele espírito, ao contrário de você, Pietro que nem sequer o encontrou quando ele retornou ao mundo físico por meio de Nina e você. No seu caso, Pietro, seu papel de pai não teve a mesma relevância verificada na ligação dele com a mãe.

– No caso de vocês, meus queridos Pietro e Júlio, já lhes poderá ser concedida nova oportunidade de retorno à Terra, desde que se dediquem à avaliação das maiores necessidades para o ressarcimento de questões que estão aguardando no seu arquivo espiritual, um novo formato de ações lá no mundo físico.

– Quer dizer que posso me habilitar para o início do planejamento reencarnatório? – perguntou ansioso Pietro.

– Sem dúvida – afirmou Sérvio.

– Podemos tratar deste assunto, imediatamente.

– Por favor, amigo querido, se for possível quero hoje mesmo ser recebido pelos Instrutores encarregados do Departamento das Reencarnações, para começar a planejar meu retorno.

Capítulo 36

Rumo à Terra novamente

– Então, meu caro Pietro, está mesmo disposto? – perguntou o bondoso irmão Vitório.

– Sim, com toda a força do meu coração! Eu poderia escolher reencarnar em um país relativamente jovem que me fala muito perto ao coração? Nos últimos tempos, nos encontros de aprendizado que tenho participado, tenho aprendido a conhecer e a amar o Brasil. Soube que é um país sob a égide do Cruzeiro do Sul, e para o qual são previstos caminhos de amor e religiosidade muito definidos. Seria possível que meu regresso à matéria se desse ali?

– E porque não? – afirmou Vitório.

– Pietro, nós da equipe de trabalho deste Departamento analisamos várias vivências terrenas já realizadas por você e pelo nosso Júlio. Verificamos que muitas provas importantes a serem enfrentadas por vocês, têm muitos pontos em comum. E, por este motivo, nossa sugestão é que vocês retornem como uma só família. Desta forma a proposta é que Júlio retorne antes e o receba como filho, quando contar com pouco mais de 25 anos.

– E ele sabe disto? Concorda? – perguntou Pietro ansioso.

– Sim, ele já foi consultado. E está muito feliz com esta possibilidade. Aguarda apenas seu consentimento, pois entende que diante de tantas lembranças do passado, você possa ter outros planos para seu retorno.

– Júlio sempre foi meu porto seguro, irmão Vitório. Ele é muito iluminado. Estou muito feliz!

Em meados de 1810, Júlio recebia a notícia de que tudo estava programado para sua reencarnação. Seus pais o aguardavam há algum tempo e, seriam os mesmos que o acolheram em Florença com todo amor e alegria.

Renasceria em família humilde, no Estado de Minas Gerais, naquele mesmo país onde Pietro desejava renascer.

Júlio abriu os olhos para o mundo físico em uma cálida manhã do mês de outubro do ano de 1811, e recebeu o nome de João.

Seu pai era oleiro e a mãe, mulher simples, porém rica em sabedoria, cuidava com muito carinho de suas filhas e estava exultante com a chegada daquele menino que trazia imensa alegria a todos.

João nasceu com uma leve deficiência física que o impedia de acompanhar os outros garotos nas brincadeiras que exigiam velocidade. Mas, no aspecto mental, era um garoto extremamente perspicaz, e percebia ao longe quando a mãe estava com algum problema, ou quando o pai estava vivendo alguma dificuldade.

Teve uma adolescência tranquila, e não se prendia à deficiência física, fazendo dela uma ferramenta de progresso, pois em vista daquela limitação, procurava estudar com afinco, pois seu sonho era buscar uma vida melhor na cidade do Rio de Janeiro, de onde ouvia falar que havia maravilhas nunca imaginadas por nenhum dos habitantes de sua cidade natal.

Aos vinte anos ele se despediu dos pais, levando apenas duas trocas de roupa e o calçado já um tanto surrado que estava em seus pés. No entanto, em seu coração havia riqueza imensa em forma de esperanças e sonhos, os quais esperava realizar.

Ao chegar àquele local dos sonhos, sentiu certo temor diante de tanta novidade. Foi informado que D. Pedro I renunciara em favor de seu filho D. Pedro de Alcântara, que contava na época com apenas cinco anos. E, que naquele momento o governo era exercido por uma Regência Trina, a qual tinha o comando do país em suas mãos.

João procurava uma humilde hospedaria, pois levara parcos recursos, e tinha esperança de poder encontrar um trabalho, pois tinha um bom conhecimento das letras e dos números. Soube que havia ricos fazendeiros que cultivavam o café, e dentre eles havia possibilidade de encontrar trabalho, pois os mesmos comercializavam o chamado "ouro negro" e necessitavam de pessoas letradas para lhes dar o apoio nas transações.

Mas, foi no porto do Rio de Janeiro que ele encontrou sua oportunidade de trabalho. A exportação de café estava em franca expansão, e havia carência de pessoas que pudessem realizar tarefas burocráticas com eficiência.

João estava radiante. Sentiu imensa emoção, mesclada de uma saudade sem saber o motivo. No recôndito de sua alma ainda pulsava forte as lembranças da encarnação em que fora marinheiro, em Plymouth. Por esse motivo a aproximação do mar que ele ainda não conhecia nessa reencarnação, lhe deu um sentimento até então desconhecido. Fora aceito em uma das companhias exportadoras, e iniciou seu trabalho com imenso entusiasmo. Dentro de pouco tempo alugou uma pequena casa, e sentiu que aquele seria o seu lar. Rapidamente conheceu toda a cidade do Rio de Janeiro e sentiu muita tristeza em ver que a escravidão ainda era praticada pelo homem branco, em completo descaso da lei do amor. Apesar de ser branco, ele não compactuava com aquela crueldade praticada com seus irmãos em Cristo.

Havia famílias que tratavam seus escravos com respeito, mas a grande maioria os considerava menos que os animais. E essa constatação levava muita tristeza ao coração daquele jovem homem de pouco mais de vinte anos.

Religioso, João procura frequentar a Igreja, pois entendia que sem o amparo de Deus sua vida seria vazia. E foi em uma das rezas que ele conheceu Tereza, uma jovem simples, cujos pais tinham pequeno empório, desde que chegaram de Portugal.

No momento em que se conheceram a atração foi recíproca, mas a timidez de ambos dificultava uma aproximação entre eles. Mas, o destino promoveu um encontro na Procissão de Nossa Senhora. João que já gozava da simpatia do Vigário, ao chegar à Igreja antes do início das festividades, foi encarregado de buscar a imagem que fora colocada na sacristia da Igreja. Lá chegando, havia alguém tomando conta da imagem, e esse alguém era Tereza.

Foi o suficiente para iniciarem uma conversa que dentro de pouco tempo se transformou em amor.

Como homem de respeito, de imediato João procurou o pai de Tereza, solicitando permissão para cortejar sua filha. Sendo João um rapaz de conversa agradável, que tinha um emprego considerado aceitável, não houve nenhuma dificuldade em receber tal permissão.

Os jovens enamorados sonhavam com o casamento e isso aconteceu dentro de seis meses. João e Tereza estavam felizes e idealizavam uma família grande e feliz. Ela cuidava de seu novo lar com desvelo e João trabalhava com entusiasmo, pois tinha como propósito adquirir, do proprietário, aquela casinha humilde, mas muito acolhedora em que viviam.

João era querido por todos, e pelo seu esforço já desempenhava funções de responsabilidade na companhia exportadora. Passou a ser mais bem remunerado, e gozava da simpatia de seus superiores. Para sua felicidade se completar, desejava a benção de filhinhos que haveriam de semear alegria e luz em sua vida.

No Plano Espiritual, Pietro já estava preparado para o retorno. Sérvio o convidou para juntos acessarem toda a trajetória que já estava delineada para sua nova jornada.

Pietro havia pedido a oportunidade de estudar medicina para poder cuidar das pessoas, auxiliando-as na preservação da vida, uma vez que alhures havia sido o causador da morte de muitos.

Sérvio o advertiu que ele levaria alguns projetos, mas sua concretização dependeria das circunstâncias que ele iria encontrar no decorrer de sua existência.

– Pietro, você por várias vezes negligenciou a benção da

vida, portanto é justo que algumas frustrações estejam reservadas a você, no cumprimento da Lei de Causa e Efeito.

Pietro entendeu que encontraria muitos percalços e que enfrentaria provas no sentido da valorização do patrimônio espiritual, bem como na conscientização da necessidade da preservação do corpo físico.

Depois da conversa com Sérvio, Pietro foi conduzido ao departamento da reencarnação, aguardando o momento em que receberia essa benção divina.

Capítulo 37

O início de uma nova jornada para todos

CHEGANDO A CASA NAQUELA TARDE, João avistou Tereza radiante, esperando-o no portão que era cercado por uma guirlanda de flores do campo. Curioso, ele perguntou se ela estava bem, e seu sorriso iluminou aquele rosto moreno, que demonstrava imensa felicidade.

– Meu querido, eu tenho uma bela notícia para lhe dar!

– Finalmente teremos em nossa casa, a alegria do riso de uma criança. Teremos um filho!

João carregou e esposa no colo até a pequena varanda, e dentro de sua religiosidade a convidou para agradecerem a Deus por aquela bênção.

Tereza teve uma gestação tranquila, cuidando do

enxoval com muito esmero, e dentro da simplicidade que reinava naquele lar, ela confeccionava os sapatinhos, xale e casaquinhos, dando preferência à cor azul, pois no íntimo sentia que seria mãe de um menino.

– João, acorda... Você precisa acordar! Chegou a hora!

João levantou-se de um salto, meio atordoado, e saiu imediatamente em busca de dona Julinda, a parteira mais conceituada daquela região. No caminho já batia à porta da casa dos sogros, pedindo ajuda à mãe de Tereza, que num piscar de olhos já se dirigia para o lado da filha.

Não demorou quase nada e retornaram dona Julinda e João. João não sabia bem o que deveria fazer. Encontraram os preparativos já providenciados, toalhas, água quente, pois a mãe de Tereza, mulher experiente e ativa já havia cuidado desses detalhes.

– João, fique lá fora, por favor, pois nessa hora o pai não vai ajudar em nada!

Nervoso, mas obediente, João foi para a varanda, onde dirigiu seu olhar ao alto, pedindo que Nossa Senhora do Bom Parto cuidasse de sua Tereza e daquele filhinho que estava chegando, para a alegria de todos.

Dentro de pouco tempo João ouviu aquele choro forte, que o colocou de joelhos, agradecendo ao Pai Criador pela dádiva recebida.

– João, venha – chamou sua sogra. Venha ver que coisinha mais linda!

Tomado por uma enorme emoção, João adentrou ao quarto simples, no qual ele sentiu intensa luminosidade que ele não conseguia explicar.

O bebê já limpo, envolto no cobertor que o protegia, tocou fundo o coração de João. Aquele pai segurando seu filho tinha a sensação que o conhecia de há muito... "... Era algo estranho, como seria possível?".

João, envolto em imensa felicidade, foi até o leito onde Tereza, exausta, repousava tranquilamente. Ele beijou suas mãos, pois era um homem à frente do seu tempo. Apesar da origem humilde, trazia hábitos refinados, e se portava como um verdadeiro cavalheiro.

– João, você escolheu o nome para nosso filho? – perguntou Tereza.

– Gostaria muito que ele se chamasse Raphael, você concorda?

– Sim, é um belo nome, e combina com ele.

No momento em que Pietro retornou à Terra, Annunciata e Giácomo tomavam conhecimento desse novo desafio que aquele espírito que convivera com eles por longo tempo iria enfrentar. Começaram a se interessar pela possibilidade de retorno ao palco das lutas terrenas. Sentiram uma ponta de remorso, pois eles entenderam que seriam eles que deveriam ter retornado como pais daquele espírito ao qual não deram o apoio necessário durante aquela vivência que tiverem em Florença.

Nina, após ter se dedicado por um longo tempo ao filhinho de outrora, dedica-se a outras tarefas, pois foi informada por Angélica que a volta às lides materiais seria necessária, onde novamente deveria receber o mesmo espírito como filho.

Diante da conscientização de que o único caminho para a

evolução é a busca pelo perdão, por meio do convívio com aqueles mesmos desafetos que no passado formaram nossa família, Giácomo e Annunciata buscaram essa oportunidade.

Compreenderam que deveriam buscar Jesus pela oração sincera, pedindo uma nova chance de aprendizado. E assim, decididos, procuraram Sérvio, no intuito de ser orientados para os novos caminhos de redenção.

– Meus irmãos, eu estou muito feliz por vocês terem se encorajado para mais uma jornada terrena. Saibam que Nina também já está preparada para o retorno. E todos vocês terão oportunidade de se reencontrar para viver novo aprendizado.

– Papai, papai, veja que belo pássaro nós temos aqui em nosso jardim!

Com essas palavras, o pequeno Raphael recebeu o pai, naquele final de tarde, como fazia diariamente. Pai e filho sentiam imensa ternura um pelo outro, e sua sintonia era tanta que bastava um olhar para que se compreendessem.

O pequeno contava com quatro anos, e já sabia que a família iria aumentar. Os pais já preparavam a chegada dos novos membros da família.

Tereza, já no final da gestação, se preocupava, pois a parteira, com sua experiência, havia revelado que viriam dois bebês. Dona Julinda era uma excelente médium e na maioria das vezes conduzia os partos, orientada por Benfeitores Espirituais que sempre a amparavam.

João orava todos os dias pedindo a Deus por sua Tereza, pois sabia do risco que corriam os bebês e a mãe naquela situação. Sua sogra o consolava, pedindo que tivesse fé, pois tudo daria certo.

E assim, chegou o dia tão esperado. Tereza sentiu as primeiras contrações e a bondosa parteira foi chamada para aquela tarefa delicada.

João levou Raphael para ver o mar, pois ambos sentiam imensa atração pelo oceano. Não sabiam explicar os motivos daquele sentimento de saudades, mas ao mesmo tempo de certa tristeza. O garoto não identificava essa reação, mas o pai tinha vaga lembrança de que algo já havia acontecido, em alguma época, que lhe deixara marcas na alma. Ali eles permaneceram certo tempo, pois como da vez anterior, dona Julinda dizia que homem naquela hora só atrapalhava.

A mãe de Tereza acendeu uma vela para Nossa Senhora do Bom Parto, e dona Julinda preparou tudo o que seria necessário para o momento solene. Ambas fizeram a reza habitual pedindo a proteção para Tereza. Os Benfeitores Espirituais envolveram aquelas irmãs com fluidos de amor, e em oração participaram da chegada ao mundo dos pequeninos gêmeos.

Com habilidade, dona Julinda realizou o parto com sucesso. Quem nasceu primeiro foi o garoto, e em seguida, como ela já previra, veio ao mundo a pequena garotinha.

– Como são pequeninos! Em lágrimas, a avó feliz e agradecida a Deus auxiliava na limpeza dos recém-nascidos. – Dá até medo de machucar, parece de brinquedo!

Nesse momento retornavam João e Raphael e dona Julinda pediu que ele chamasse o médico para que ficassem todos mais tranquilos, pois ela estava acostumada a trazer as crianças ao mundo, mas como se tratava de crianças assim tão pequeninas, o melhor seria pedir ao médico que examinasse para ver se tudo estava bem.

João, desconfiado de que algo não estivesse bem, se apressou em chamar o bondoso Dr. Fernando, médico que tinha seu modesto consultório na avenida próxima à casa onde a família residia.

Dentro de pouco tempo, a paz voltou a reinar no coração de João, pois o Dr. Fernando, examinando os bebês, os tranquilizara. O facultativo recomendou os cuidados necessários, mas deixou claro que ambos estavam saudáveis, embora a garotinha apresentasse alguns sinais que ele precisaria observar com mais cuidado, à medida que ela fosse se desenvolvendo.

Raphael se mostrou imensamente feliz. Beijava a todo momento seus irmãozinhos, dizendo à sua mãe que iria ajudá-la a tomar conta deles. Apesar de tão pequeno, ele era muito prestativo e preocupado.

Capítulo 38

Seguindo novos rumos

Naquela noite, João, ao deixar o corpo físico por meio do sono, foi levado a um local que lhe trouxe muitas recordações.

– Que saudade! – exclamou ao rever Florença, agora muito modificada, modernizada. Para sua tristeza, reviu Santa Luccia, agora abandonada e reconheceu o local onde nasceu e viveu com seus pais na encarnação anterior.

Quase que de imediato foi ao local onde desencarnara de forma violenta e cruel, e sentiu um calafrio, pois por um momento relembrou daquelas cenas chocantes.

De imediato retornou ao corpo. Olhou para os filhos e sentiu grande alívio. Seu coração batia de forma descompassada. Percebeu que fora apenas um sonho.

João foi crescendo profissionalmente, e exercia

funções que já lhe garantiam uma vida melhor. Residia com a família em uma moradia confortável, e via com imensa alegria o desenvolvimento dos gêmeos.

Como previra Dr. Fernando, a pequena Maria das Graças apresentava deficiência física que se acentuava à medida que crescia. Sua perna esquerda era mais curta do que a direita, e quando ela começou a andar, teve muita dificuldade, pois foi preciso muita ajuda até que ela pudesse entender que, arrastando um pouco a perna esquerda, seria possível dar o passo, apesar de precisar entortar um pouco o corpo, o que certamente iria prejudicar a sua coluna vertebral.

Tereza e João tinham muita habilidade para lidar com a dificuldade da filhinha. Mas, era o irmão Raphael quem mais se dedicava a cuidar da pequena. Ele a segurava pela mão, e a ensinava como dar o passo, chegando mesmo a mancar também para que ela aprendesse como fazer para poder andar.

Já o irmãozinho Joaquim crescia saudável e irrequieto. Queria sempre mais atenção, e se irritava sempre que via toda a família ao redor da pequena irmã. Ele já demonstrava ter uma personalidade eivada de egoísmo, o que era visível a seus pais.

Na Espiritualidade, Sérvio convidava Nina a se dirigir ao Departamento dos Projetos Reencarnacionistas para finalizar, com os Instrutores, a sua nova reencarnação. Ela ouviu do bondoso amigo que seus pais já estavam prontos para recebê-la, bem como seus três irmãos.

– Querida Nina, finalmente vocês estarão reunidos novamente. Annunciata, Giácomo e Pietro serão seus irmãos, pois na bondade do Pai Criador, vocês poderão reescrever as páginas de sua história onde faltou o amor como elemento de união.

Assim que os gêmeos completaram três anos de idade, Tereza anunciou à família que chegaria mais alguém para completar a felicidade de todos.

João, embora sabendo que mais um filho iria aumentar a preocupação e o trabalho de todos, ficou feliz, pois também fora criado junto a muitos irmãos, em sua saudosa Minas Gerais.

O período de gestação foi bastante cansativo para Tereza que a essa altura precisava se desdobrar para dar conta de tanto trabalho que as crianças acarretavam. Tereza contava com a ajuda de Josefa, uma negra que fora comprada por João, quando no mercado de escravos ele a viu ser rejeitada por vários compradores por ser um tanto franzina. Josefa era tratada com todo respeito e carinho naquele lar em que não havia diferença entre brancos e negros. Para a família, Josefa era uma "ajudante", como falavam Tereza e João.

O amor que existia entre Josefa e as crianças era imenso. Era um sentimento muito forte.

Para ela, Deus havia abençoado sua vida no momento em que o bondoso senhor João a viu sendo maltratada, e sem se importar com, "a má qualidade da compra feita", como lhe falou um vizinho, foi tocado em seu coração, e resolveu que aquela mulher merecia ser levada para um local onde pudesse ser considerado um ser humano, assim como os demais.

Tereza, logo que viu Josefa, sentiu grande carinho por aquela jovem franzina e assustada que lhe agradeceu tentando se ajoelhar, no que foi impedida pela bondade de Tereza. Foi um reencontro do passado, pois essas duas almas já haviam caminhado juntas em época remota. Josefa encontrou um verdadeiro lar, e se dedicava com todas as suas forças a cuidar daquelas crianças que ela sentia como se fossem suas. Havia recebido roupas e até calçado, hábito incomum e que era combatido por aquela sociedade fria e desumana.

Enfim, naquele lar reinava amor e paz, pois seus ocupantes traziam a religiosidade em seus corações. João e Tereza traziam na alma a certeza de que já haviam convivido com aqueles filhos que agora retornavam ao seu convívio.

Era chegada a hora tão aguardada por toda a família. Tereza começou a sentir as dores do parto e Josefa correu a chamar mais uma vez a parteira dona Julinda. No caminho já avisou a mãe de Tereza, que se apressou em direção à casa de sua filha.

Desta vez João não estava presente, pois se encontrava no porto, trabalhando.

Raphael, com pouco mais de sete anos já se sentia um homenzinho e disse para a avó que ele tomaria conta dos pequenos, pois todos ficariam brincando no quintal.

Dona Julinda pôde contar com a ajuda de Josefa também, e o trabalho de parto durou cerca de duas horas, quando Tereza deu à luz uma linda menina. Mais uma vez, Deus abençoou aquela casa com a chegada da filhinha querida.

Horas mais tarde chegou João que foi abraçado pelos filhos que brincavam com o cãozinho da família. Raphael ainda não sabia que a nova irmãzinha já havia nascido tão entretido que ele estava cuidando dos gêmeos. Apenas disse ao pai que vovó ali estava com dona Julinda esperando a chegada da cegonha...

João, entendendo o momento, se apressou em entrar a casa.

Mais uma vez seu coração se revestiu de alegria e amor, pois ao olhar para aquela menina tão linda, ele sentiu que ali estava alguém muito especial. O amor secular que o unia ao espírito que estava chegando, fez com que tivesse a certeza de que somos seres criados por Deus, e que temos inúmeras vivências terrenas.

Ultimamente, João conversava bastante acerca dos assuntos da alma com seu amigo Geremias, o qual falava coisas muito interessantes. Ele sentia que estava mais refinado em sua compreensão para certas coisas que o padre da sua paróquia não sabia lhe explicar.

As noites na casa de João trouxeram a todos os espíritos ali reencarnados a oportunidade de novos aprendizados. E, em especial naquela noite em que reencarnara mais uma filhinha, João e Tereza foram convidados a uma conversa com Sérvio e Angélica.

– Meus amados, com a permissão do Mestre Jesus, nos encontramos neste momento muito significativo para a vida de vocês e desta nossa querida irmã que retorna ao seu convívio. Este espírito já enfrentou muitas dificuldades em suas vivências terrenas, mas, ainda precisa exercitar muitas virtudes, e neste reencontro, ela terá oportunidade de colocar em prática os ensinamentos que por décadas lhe foram ministrados no Plano Espiritual. O reencontro com aqueles que foram seus pais, em existência anterior, e que agora retornam como seus irmãos, irá trazer a todos um caminho de muitos atritos, mas que poderá significar para todos o início da redenção. Como vocês já sabem, meus caros, ainda temos nosso Henry, que foi Pietro e agora é Raphael, espírito que está consciente de seu passado, e tem procurado lutar muito para ressarcir seus débitos, que são imensos!

Mas, vocês como pais, certamente saberão conduzir a cada um deles, com muito amor, carinho e energia, pois cabe aos pais a educação destas almas que lhes foram confiadas. Deus vos abençoe sempre e lhes dê a Sua paz!

Naquela madrugada, João e Tereza acordaram com o choro de Lívia, pois fora este o nome dado à pequenina que acabara de chegar. Esse nome fora escolhido por Tereza que sonhou com uma moça muito bonita, e cheia de ternura, que chegava à sua casa, em uma tarde ensolarada pedindo-lhe um copo de água. E, para sua surpresa, sua filhinha era muito parecida com a moça dos seus sonhos.

O casal tinha a mesma sensação de que havia estado em algum lugar, recebendo auxílio para conduzir a vida da família, e sabia que iria enfrentar muitas situações difíceis dentro do lar. Naquele momento, Sérvio e Angélica ainda ali se encontravam envolvendo a todas as crianças em muito amor.

Naquele ano que transcorrera desde o nascimento de Lívia, João e Tereza tomaram conhecimento que na cidade do Rio de Janeiro já havia um movimento discreto iniciado pelos médicos Bento Mure e João Vicente Martins, os quais traziam uma nova modalidade de exercer a medicina que se chamava Homeopatia. Ouviram dizer que essa medicina tinha muito a ver com a alma, e resolveram procurar os referidos doutores para cuidar de Maria das Graças e Joaquim, pois sentiam que os gêmeos não tinham a mesma saúde que Raphael e Lívia.

Maria das Graças, conforme crescia, tinha maiores dificuldades para se locomover, pois as limitações físicas estavam mais visíveis. A diferença de tamanho entre sua perna esquerda e a direita já estava bem acentuada. Ela também demonstrava um sentimento de inconformismo ao ver que sua irmãzinha Lívia era diferente dela.

Raphael já começava a dizer que queria ser médico quando crescesse. Ele não sabia muito bem o que representava aquela profissão, mas, quando foi com sua mãe até o Consultório Homeopático, sentiu uma alegria inexplicável. Ele a tudo observava, e ao sair dali, falava com maior convicção:

– Mamãe, quando eu crescer eu serei como este senhor que consultou a Gracinha. Pois era assim que ele chamava a irmã.

À medida que as crianças cresciam, seus pais compreendiam mais e mais o sofrimento da filhinha Gracinha, pois ela perguntava sempre por que era diferente da irmã e das outras meninas da sua idade. Não conseguia participar de todas as brincadeiras, e isso a deixava revoltada. Por vezes se escondia no imenso quintal da casa, fazendo com que sua mãe se desesperasse, saindo à sua procura.

Capítulo 39

A vida vai seguindo seu curso

RAPHAEL DEMONSTRAVA grande sensibilidade. Sentia o grande abismo que existia entre seus irmãos. Apesar de pequenos ainda, demonstravam ter um sentimento de inveja por Lívia.

Não comentava os sonhos que normalmente povoavam suas noites. Mas, era comum ele se ver em uma embarcação muito diferente daquelas que conhecia. E as pessoas que avistava dentro dela não lhe eram desconhecidas. Por vezes teve a sensação que seu pai e seu irmão lá estavam, porém com outra fisionomia, mas mesmo assim ele sabia que eram eles. Alguma coisa falava à sua alma que eles já haviam estado juntos em situações difíceis.

Começou a ficar intrigado com tudo aquilo. E orava muito, pois seus pais, muito religiosos o ensinavam a importância da fé e da oração em todos os momentos da vida.

Raphael já se acostumara a receber a visita de Sérvio, nos sonhos. Ele dizia que tinha um amigo muito especial que vinha sempre visitá-lo e o conduzia a lugares desconhecidos e lhe dizia que nós temos muitas vidas, e que ele iria ter oportunidade de poder crescer muito nesta vida presente, se conseguisse amar a todos aqueles que estavam ao seu lado.

Raphael sentia muita alegria sempre que conversava com o amigo Sérvio. À medida que se desenvolvia nos estudos tinha mais possibilidade de compreensão diante das revelações que lhe eram trazidas pelo Instrutor. Passou a anotar todas as lembranças que guardava das conversas noturnas, como ele costumava identificar.

Raphael já havia cursado os seis anos do ensino primário, na Escola religiosa que frequentava. O ensino oficial e o particular estavam passando por grandes tumultos. A aristocracia tinha seu aprendizado garantido principalmente no Colégio D. Pedro II, e os demais jovens tinham grandes dificuldades para ali ingressar. Aos escravos não era permitido frequentar escolas públicas, e consequentemente não recebiam qualquer tipo de instrução.

João, seu pai, homem sério e bem-conceituado não só entre a colônia portuguesa, através de seu sogro que o tinha em alta estima, mas também entre os responsáveis pela companhia exportadora em que desenvolvia seu trabalho, estava empenhado em conseguir que seu filho pudesse ingressar no Colégio D. Pedro II para adquirir condições de adentrar ao ensino superior, sonho que acalentava desde a adolescência.

Foi uma enorme alegria para toda a família quando, finalmente, Raphael conseguiu ingressar no Colégio D. Pedro II, único caminho seguro para se ingressar na tão sonhada Faculdade de Medicina.

Dessa forma, mais dois anos se passaram, e o ensino primário foi completado nesse Colégio da elite, o que representava um prêmio a Raphael, que tinha consciência que ali estava graças à interferência de pessoas influentes, pois sua situação social era bem inferior a dos demais alunos.

Após a conclusão do ensino primário, o ensino secundário, que naquela época era realizado em dois anos, foi o preâmbulo para a preparação para o ingresso à Faculdade.

Os critérios para o ingresso à Faculdade de Medicina do Rio de Janeiro (antiga Academia Médico-Cirúrgica do Rio de Janeiro) não eram muito claros. Provas aconteciam, mas não havia uma padronização na metodologia de admissão dos interessados. Os cursos superiores no país ainda não tinham regularização segura. Isso viria a acontecer algumas décadas depois.

Mesmo diante dos desencontros entre as leis promulgadas e o cumprimento das mesmas no que se referia à educação, alguns jovens que se empenhavam, lutavam com dificuldades para conseguir concluir o ensino primário e buscar o ensino secundário que era ainda mais desorganizado.

Raphael estava com vinte anos quando finalmente fora aceito na Faculdade de Medicina. Era para ele a melhor notícia que poderia ouvir em sua vida. Sabia que seriam sete anos de estudos e lutas, pois muito seria exigido dele, e sabia das dificuldades que enfrentaria.

Seus contatos com o mundo espiritual estavam cada vez mais constantes. Já se acostumara com as conversas com Sérvio e agora também com Angélica. Certa noite ele se encontrou também com Túlio e Tito, que aguardavam o momento do surgimento das primeiras notícias a respeito da codificação de uma nova Doutrina que estava pronta para ser divulgada para toda a Humanidade.

Foram revelações que o esclareceram em muito quanto ao relacionamento que existia entre suas irmãs. Gracinha com dezesseis anos vivia em grande sofrimento, pois sua deficiência física se agravara bastante. Joaquim, da mesma idade, tinha enormes dificuldades no aprendizado das letras, pois sua inteligência era bastante deficitária.

Àquela época já estava sancionada a Lei que instituía a Escola para meninas, embora fosse baixíssima a frequência às aulas, e as matérias predominantes se relacionavam ao papel feminino na família e na sociedade.

Maria das Graças e Lívia foram incentivadas pela mãe a frequentar a Escola. Lívia se alegrou muito com essa possibilidade, mas Gracinha, desde o início se mostrava contrariada. Na realidade ela tinha dificuldades em utilizar o raciocínio, além de estar sempre revoltada com sua situação física, perante a irmã.

Raphael desenvolvia sua sensibilidade a olhos vistos. Em muitas ocasiões dizia aos pais que havia, dentro de sua casa, algumas criaturas transparentes e reluzentes que se aproximavam das irmãs sempre que entre elas ocorriam discussões. Mas dizia também, que era mais comum a vinda de outras criaturas com aspecto assustador que se aproximavam bastante de todos, especialmente falando ao ouvido de Joaquim e Gracinha.

Sérvio orientava Raphael a respeito de como deveria se comportar quando visse esses espíritos junto de seus familiares. Oração constante era a ferramenta utilizada para minimizar a situação de ódio que ele percebia no coração da irmã Gracinha.

Com o passar dos meses, Raphael tinha claro em sua mente que havia contraído pesados débitos em sua encarnação em Plymouth, e que junto dele estavam amigos e também desafetos daquela época. Apesar de Sérvio não deixar claro a participação de cada um naquela encarnação, Raphael sentia que seu pai e ele tinham grandes afinidades, demonstrando, portanto, que haviam tido convivência fraterna. Ao mesmo tempo, identificava em Joaquim e Gracinha uma vibração pesada, que destoava dos demais, e podia sentir que neles reinava uma espécie de desconfiança própria aos espíritos desajustados.

Certa noite, Raphael perguntou a Angélica se Tereza, sua mãe, também fazia parte daquele grupo em reajuste. A resposta o deixou feliz, pois soubera que em Plymouth ela tinha sido esposa de seu fiel amigo Edward, hoje seu pai, João, justificando, portanto, a grande ligação espiritual que havia entre eles.

Capítulo 40

O passado renasce

NAQUELA MANHÃ, Gracinha despertou tomada por imenso mau-humor. Teve uma noite de sobressaltos, pois se via em um vilarejo inglês, e caminhava pela praia, chorando muito. Sentia-se desprezada e infeliz. Logo após, o quadro se modificava e ela se reconhecia na pessoa de uma rica senhora, cercada de criados e luxo, mas que era tremendamente infeliz. E, para sua surpresa, em ambas as situações, ela via sua irmã Lívia também fazendo parte de sua vida. Mas, quando lhe foi apresentada a causa de seu sofrimento, ela relacionou todos esses momentos difíceis a uma disputa pelo amor daquele que hoje era o seu irmão Raphael.

Ao se recordar daquele sonho estranho, mas muito claro para o momento, ela começou a recapitular toda sua existência. Lembrou-se de que sempre recebia a atenção do irmão mais velho, de maneira integral. Embora tivesse Joaquim a mesma idade, era ela quem recebia mimos e atenção. Com a chegada de Lívia, tanto os pais quanto Raphael, dedicavam-lhe um carinho imenso e, sempre sorrindo para eles, Lívia vivia recebendo afagos de toda família. Até os avós se desmanchavam em carinhos. Esse quadro tomava proporções gigantescas na mente de Gracinha, que naquele momento estava influenciada por irmãos envoltos em atmosfera tremendamente negativa.

Joaquim por sua vez, agora rapaz, trazia grandes preocupações aos pais, pois não era dado aos estudos nem ao trabalho, também se considerava infeliz, pois no fundo admirava o irmão mais velho, achava muito importante sua determinação em cursar medicina para curar os doentes e combater as doenças como ele dizia. Mas, no fundo de seu coração o invejava e ao mesmo tempo sentia-se em débito para com ele, mesmo sem entender quais os motivos que o levavam a desenvolver tal sentimento.

Lívia, a caçula, conquistava a todos. Mesmo na precariedade do ensino fundamental, ela tinha rapidez de raciocínio que impressionava seus professores e sua família. Ela demonstrava sentimentos puros, mesmo com relação à sua irmã Gracinha que a hostilizava em todos os momentos. Estava sempre alegre e não se deixava atingir pela hostilidade da irmã mais velha.

Tal como acontecia com Raphael, Lívia também tinha grande sensibilidade, e nos desdobramentos pelos sonhos, era conduzida a locais de importantes revelações que a auxiliavam a compreender bem mais a situação em seu lar. Já tomara conhecimento que em encarnação anterior, mesmo sem querer, muito tinha feito sofrer aquela que agora era sua irmã. E também tinha claras lembranças da vida em Florença, tendo inclusive visualizado boa parte das lutas que, junto ao irmão Raphael e àquele que agora era seu pai, João, enfrentaram com relação à vida de caridade que desejaram vivenciar.

Sendo a Espiritualidade pródiga no auxílio de toda a Humanidade, Lívia, Raphael, João e Tereza começaram a se reunir, em processo de desdobramento, sob o amparo de Sérvio e Angélica, a fim de se fortalecerem para as lutas que se aproximavam. Com os filhos já crescidos, os problemas se multiplicariam com relação ao futuro.

Para a alegria de todos, naquela noite mais um amigo se juntou a eles. Junto de Sérvio estava alguém que lhes falava muito perto ao coração. Tratava-se do inesquecível Professor Giovanni. Os cumprimentos foram mesclados de saudade, carinho e gratidão.

João era o mais emocionado. Abraços saudosos relembravam a última vez em que estiveram juntos, naquele desenlace tão sofrido em que os três amigos queridos encerraram sua jornada terrena.

– Raphael, João, Lívia, meus sempre queridos amigos!

– Tenho acompanhado a caminhada de vocês rumo à reconciliação com nossos queridos Joaquim e Maria das Graças, e sei que com o esforço e dedicação a vitória está próxima. Nossos queridos irmãos, recebendo tanto amor como recebem irão perdoar e esquecer aquilo que chamam de "injustiça" que se abateu sobre eles em épocas remotas.

Fatos agradáveis foram rememorados, e após o feliz encontro eles se despediram, quando Giovanni lhes relatou que há muito tempo participava do trabalho de amor que eles implantaram lá em Florença, e que jamais deixou de ser exercido.

– Muitos seguidores do Cristo, depois que nós desencarnamos, seguiram nossos passos naquela estrada que juntos desbravamos. As sementes por nós lançadas germinaram e frutificaram – disse Giovanni.

Os queridos amigos – Sérvio e Angélica também dedicavam atenção e carinho a Joaquim e à Maria das Graças, os quais recebiam em desdobramento todo o amparo que necessitavam para extirparem de seu íntimo o orgulho e o egoísmo que ainda os corroía.

Era comum nos encontros promovidos pelos Instrutores, Joaquim e Gracinha, despojados das barreiras do corpo físico, demonstrarem seus sentimentos mais íntimos. Ambos diziam que mais uma vez Henry e Anne eram privilegiados, enquanto eles eram preteridos e prejudicados nos seus anseios mais profundos. Esses dois espíritos guardavam muito presente não somente a vivência em Plymouth, mas também o encontro anterior, em que mais uma vez a ambição criou enorme barreira entre eles.

– Meus queridos, não percam novamente a oportunidade de evolução que Deus nosso Pai vos oferta. Recebam de bom grado todo o amor que seus pais e seus irmãos lhes oferecem! A barreira que vocês criaram só existe em seus corações, pois Raphael e Lívia os amam verdadeiramente e mesmo vocês tendo falhado na condição de pais, lá em Florença, não existe rancor no coração desses seus irmãos no presente. Retornem aos seus corpos físicos, e procurem reter esse pedido em sua alma. Com estas palavras, Sérvio os envolveu em muita luz e amor.

Pela manhã, Gracinha e Joaquim sentiam-se mais leves. Sem saber o motivo tiveram vontade de se aproximar de Lívia, que ao vê-los se apressou em abraçá-los. Em sua sensibilidade ela registrava que algo havia aliviado a tensão existente naqueles corações.

A partir daquele dia, houve grande modificação no ambiente daquela casa. As orações que eram feitas diariamente por João, e que antes tinham a participação de Gracinha e Joaquim demonstrando contrariedade, agora contava com a presença de todos, e com um sorriso enfeitando todos os rostos.

Pouco mais de dois anos se passaram e Gracinha conseguira aplacar em muito os sentimentos negativos que nutria por sua irmã. Joaquim, embora tivesse algumas recaídas, também conseguira modificar os arroubos de inveja que nutria contra Raphael.

Naquela manhã, João e Raphael já haviam saído quando Tereza observou que Lívia ainda não havia se levantado.

Preocupada verificou que a filha apresenta febre intensa. De imediato ela providenciou os costumeiros chás esperando que desse um bom resultado. A bondosa Josefa fez compressas na testa de Lívia, e orando com fervor pediu a Jesus que curasse sua menina.

Mas, nenhuma das providências caseiras conseguiu melhorar o estado de saúde de Lívia. Próximo da hora do almoço Tereza pediu que Josefa fosse chamar o médico, Dr. Fernando. O bondoso médico, ao examinar Lívia apresentou ares de preocupação. Examinou seus pulmões e trouxe o diagnóstico: – Pneumonia, e das bravas!

Providenciou, então, a medicação necessária e instruiu Tereza quanto à forma de ministrá-la.

Quase ao final do dia Raphael retornou da Faculdade e encontrou-se com Dr. Fernando que o abraçou. Ao ser informado pelo médico do estado de saúde de sua irmã, ele que já tinha alguma noção, pois estava no início do terceiro ano, compreendeu a gravidade do momento. A partir daquele momento Raphael se desdobrou em cuidados com Lívia, assim também com Gracinha e Joaquim que já haviam conseguido vencer as barreiras do passado.

O repouso absoluto, a medicação, a hidratação não estavam apresentando resultado e dessa forma Lívia foi levada para a Santa Casa de Misericórdia, onde os cuidados seriam intensificados.

Capítulo 41

Lívia cumpre sua jornada terrena

Três dias se passaram, e Lívia, segurando nas mãos de Gracinha, se despedia da irmã dizendo que seu amor por ela era sua maior alegria, e que ela jamais se esquecesse disso.

Nesse momento, Gracinha em desespero chamou por Raphael e por seus pais, os quais chegando ao leito de Lívia ainda a abraçaram em seus últimos instantes de vida.

– Meus queridos, eu sei que estarei ao lado de Jesus, e agradeço por todo amor que recebi de vocês. Eu me sinto liberta de graves compromissos, e nunca se esqueçam de que eu os amo muito.

Lívia fechou seus olhos para o mundo físico, e sentiu que Giovanni, Angélica e Sérvio a aguardavam ao lado de seu leito. Sua alma alçou o voo da liberdade, amparada pelos amigos queridos e dedicados que a conduziram ao Hospital Espiritual.

Dentro de poucas semanas, Lívia, em virtude de sua condição espiritual, despertava, cercada pelos amigos, e tomava conhecimento de sua nova etapa de vida. Inicialmente, sentiu a falta dos pais e irmãos amados, mas recebendo todo amparo dos amigos, superou rapidamente aquele sentimento, transformando-o em esperança no futuro.

Mais uma vez, o processo de desligamento da vivência terrena fez com que Lívia reiniciasse sua trajetória de aprendizado e já executasse as tarefas de auxílio ao próximo. Ela que já detinha muitas condições espirituais para o desempenho de várias funções, abraçou suas novas responsabilidades com muita alegria.

O ambiente na casa de João tornou-se momentaneamente taciturno, mas, o amparo espiritual que eles buscavam constantemente, motivados por uma fé ardente, os ajudou a superar a falta física de Lívia, e a registrar sua presença de forma serena e feliz.

Diante da partida de Lívia, Gracinha se abalou emocionalmente, chegando a ter crises de choro constantes, e pedia perdão todo momento, pelos sentimentos que chegou a nutrir pela irmã que agora já não estava mais ali.

Lívia registrou o sofrimento da irmã e rogou a Jesus que pudesse encontrá-la em sonhos para poder aliviar seu sofrimento. Naquela mesma noite, o encontro de ambas foi permitido.

Logo após se recolher, Gracinha sentiu que deixava o corpo físico e se dirigia ao jardim de sua casa onde, para sua alegria, viu Lívia sentada no banco de pedras que ficava sob um caramanchão de camélias.

– Que alegria Lívia! Você voltou! Não posso acreditar que você esteja aqui novamente! Dizendo isso, Gracinha correu ao seu encontro.

– Minha querida, a morte não existe na realidade. Ela atinge apenas o corpo físico e eu aqui estou para poder lhe dizer que não existe nada para perdoar. Eu também no passado errei com você. Não soube compreender sua revolta, e nada fiz para procurar sua amizade. Mesmo amando Henry, eu poderia ter tratado você de outra forma, e não o fiz. Em Florença, eu também não compreendia sua repulsa por mim, e por várias vezes me deixei vencer por sentimentos de mágoa contra você, que mesmo sendo minha mãe, não superou lembranças pretéritas. Enfim, minha querida, nós duas erramos e agora ambas compreendemos isso, graças a Deus.

Um grande e fraterno abraço selou aquele sentimento que quebrava assim imensos grilhões do passado repleto de magoa e ódio.

Gracinha queria compensar a mãe por aquela perda tão sofrida, e dessa forma começou a ser mais cordial com todos da casa. Era agora uma moça em idade de se casar, mas em virtude de sua deficiência sentia que não despertava interesse nos jovens que a conheciam. Mesmo assim, estava lutando para vencer seus complexos. Ia regularmente à Igreja e ali encontrava paz para sua alma inquieta.

Havia aprendido a confeccionar peças perfeitas por meio dos trabalhos manuais que a entretinham nos momentos de solidão. E assim, mais três anos se passaram.

Raphael agora era um "residente" na Santa Casa de Misericórdia, pois já estava no final do sexto ano de seu curso de Medicina, e era extremamente dedicado e caridoso, e sentia-se muito feliz com a oportunidade de poder aliviar a dor e o sofrimento de seus irmãos.

Joaquim, diante da mudança de Gracinha, também se animou a lutar contra a ociosidade que o dominou por muito tempo. Não gostava mesmo de estudar, mas gostava do comércio. Seu avô, já idoso, entregou a ele sua mercearia, pedindo que ele a fizesse prosperar, pois aquele comércio fizera parte de sua vida por décadas.

A vida naquele lar estava transcorrendo calmamente. Os Amigos Espirituais sempre levando seu amparo àqueles corações em aprendizado. Maria das Graças começou a sentir enorme desejo de ingressar em um convento, onde poderia de alguma forma dar sentido à sua vida. Essa ideia foi tomando corpo em sua mente, e ela já pensava em conversar com os pais.

Capítulo 42

Cumprindo compromissos remotos

Estava se aproximando a formatura de Raphael e ele, sem razão aparente, sentia certa angústia. Não entendia o porquê daquele sentimento, uma vez que estava prestes a realizar seu sonho. Os desdobramentos noturnos voltavam a aproximá-lo de Sérvio.

Naquela noite, adormeceu procurando identificar a causa de sua tristeza. Logo que deixou o corpo físico se dirigiu à praia. Dentro de instantes surgiu Lívia, caminhando pela areia fina e o convidou a molhar os pés na água.

– Raphael, você se lembra de quantas vezes caminhamos pela praia em Plymouth? Ali eu rogava a você que não continuasse naquela vida de desmandos, de batalhas cujo objetivo era a pirataria, lembra-se?

– Lívia, essas lembranças estavam adormecidas em meus arquivos mentais, mas agora que você cita esses fatos, eu recordo sim, com muita clareza. Por que eu não lhe dei ouvidos naquela ocasião? Porque me deixei arrastar pela ambição?

– Raphael – disse Sérvio – meu amigo querido, foram anos de compromissos assumidos para com a Lei de Causa e Efeito. Quantas vidas ceifadas em troca de míseras barras de ouro. Quanto sofrimento causado pela ambição e pela submissão à nobreza. Você não enxergava o quanto prejudicava sua própria existência e a de seus irmãos também. Afinal, eles o seguiam, pois também almejavam conquistar tesouros alheios.

– Sérvio, será por este motivo que tenho sentido grande tristeza e enorme vazio? Mesmo estando prestes a conquistar meu sonho em ser médico, tenho a impressão que algo muito importante vai acontecer. Mas, não consigo entender o que poderia ser!

– Meu querido, confie em Deus e viva cada dia da melhor forma possível. Nós estaremos sempre ao seu lado, nunca se esqueça disso.

Aproximava-se o grande dia! Raphael já havia providenciado a roupa para a formatura, e seus pais e irmãos vibravam com a conquista daquele jovem generoso e dedicado. Tudo estava pronto! A família estava em festa!

Naquele sábado, desde a manhã, a alegria estava estampada no rosto daquela família. Josefa não cabia em si de contentamento, mesmo sabendo que não poderia comparecer à formatura de seu menino, como chamava Raphael, por ser negra, ela estava muito feliz.

Josefa havia colocado sobre a cama as roupas de Raphael, que haviam sido passadas com capricho. Ele se banhava, preparando-se para a cerimônia de formatura que aconteceria dentro de algumas horas.

Ao entardecer Raphael, seus pais e irmãos se dirigiam ao enorme auditório da Faculdade de Medicina, onde seria realizada a cerimônia de diplomação dos formandos. Todos ocuparam seus lugares para poder participar do momento mais importante da vida daqueles jovens.

A palavra do patrono da turma enalteceu a conquista daqueles moços que a partir daquele instante faziam o juramento de Hipócrates e se comprometiam tudo fazer para salvar vidas e cuidar da saúde dos semelhantes.

Finda a cerimônia, a família deixava o auditório da Faculdade e se dirigia ao local onde esperariam o ônibus puxado à tração animal que os levaria de retorno ao lar. As carruagens deixavam o local apressadamente e os cabriolés conduziam algumas pessoas.

Naquele momento Gracinha, que caminhava com certa dificuldade, de maneira intempestiva se afastou do grupo e em um átimo de segundo se precipitou para o meio da rua. Ao perceber que se aproximava uma carruagem, que pelo trotar dos cavalos estava um tanto desgovernada, Raphael não teve dúvidas em se colocar à frente da irmã, para protegê-la do choque que seria inevitável.

Os cavalos se precipitaram em direção aos irmãos, e Raphael foi jogado, violentamente, sobre as pedras do calçamento e bateu com a fronte na parte pontiaguda de uma delas. Gracinha que teve o corpo do irmão como escudo, teve apenas leves escoriações. De imediato o sangue começou a jorrar daquele ferimento na cabeça e o tumulto aconteceu.

O pânico se instalou, e aos gritos João clamava por socorro. Naquele instante, um cabriolé se aproximou e João desesperado acomodou Raphael no banco, colocando sua cabeça em seu colo pedindo que rumassem imediatamente para a Santa Casa de Misericórdia. Vendo que o filho estava desfalecido, João orava a Jesus, pedindo ajuda naquele momento de dor.

Raphael foi retirado do cabriolé e colocado na maca, sendo conduzido imediatamente ao interior do Hospital. João foi informado de que precisaria esperar ali no saguão de entrada.

Foram momentos de imensa agonia. Após alguns instantes, Tereza e os filhos chegaram aflitos para buscar notícias de Raphael. Juntos em oração, elevaram a Deus seus corações, suplicando pela vida daquele ser querido, que naquela noite havia conquistado seu mais belo troféu: seu diploma de médico.

Mas, a caminhada física de Raphael havia chegado ao final. Mais algumas horas de espera, e finalmente o médico os chamava para dar a notícia desoladora. O traumatismo craniano tinha sido de grande monta, e não fora possível superar a hemorragia que se instalou.

Naquele momento, João e Tereza foram sacudidos pela dor mais aguda que alguém pode suportar. A separação física de um filho! Foram instantes de sofrimento, de angústia, em que perguntavam:

– Por que meu Deus? Por que logo agora que ele iria cuidar de pessoas que sofrem?

No centro cirúrgico, um grupo de espíritos sorridentes cuidava do desligamento daquele espírito que acabara de cumprir mais uma jornada que havia sido programada com a finalidade de minimizar a imensa carga de débitos para com a Lei de Causa e Efeito.

Inconsciente, Raphael foi retirado daquele local onde a vida daquele corpo físico se esvaía, após o cumprimento de seus compromissos terrenos. Foi levado ao Hospital Espiritual para o atendimento que é oferecido a todos, diante da bondade do Pai Criador.

Acomodado em seu leito, Raphael assim permaneceu pelo tempo necessário ao completo desligamento das sensações materiais. Os cuidados de Lívia, de Giovanni e de Sérvio, aliados à força do amor que lhe era enviada pelos pais, possibilitaram rápido restabelecimento àquela alma que retornava ao Plano Espiritual.

Naquela manhã ensolarada, Raphael despertou do sono reparador e percebeu que estava em um leito de Hospital. De imediato se recordou do acidente e entendeu que fora socorrido em virtude do choque sofrido. Olhou ao redor e sentiu que tudo ali era diferente.

Capítulo 43

Mais uma etapa vencida

Os amigos que já aguardavam aquele despertar adentraram ao quarto, para surpresa e alegria de Raphael. De imediato Lívia abraçou o irmão, seguida de Sérvio e Giovanni.

– Lívia! O que significa isto, você veio me buscar?

– Não, seu tolinho, você já veio até mim!

Raphael sentiu um impacto diante daquela revelação! – Então, quer dizer que no choque com os cavalos, e com a queda que sofri, eu morri, foi isto? E Gracinha, também está aqui?

– Vamos por parte, meu irmão: Gracinha continua na vida terrena, graças a você. Estava programado apenas o seu retorno, e isso aconteceria de alguma forma exatamente quando você concluísse seus estudos de medicina.

– Mas, por quê? Justamente no momento em que eu iria realizar tudo o que sonhei: cuidar de pessoas, curar suas dores, Deus me retira do mundo físico! É algum castigo?

– Não Raphael – disse Sérvio. É apenas o cumprimento da Lei de Causa e Efeito.

Nesse momento, Giovanni se aproximando e abraçando o amigo, perguntou:

– Meu caro, você se recorda de mim? Somos velhos companheiros de lutas, e agora estamos juntos novamente! Vamos poder rememorar muitos passos que demos juntos!

Raphael pediu que os amigos o ajudassem, pois estava atordoado com tudo aquilo que estava acontecendo. Precisava colocar a cabeça no lugar, e contava com a ajuda deles.

– Querido companheiro de batalhas, você tem todo o tempo do mundo para organizar seus pensamentos, e o que é melhor, vai poder rememorar as vivências que ocasionaram o montante dos compromissos que foram deixados para trás, respondendo assim às suas perguntas acerca dos motivos que o trouxeram para cá na melhor fase de sua vida terrena.

– E, quando isso vai acontecer? – perguntou Raphael.

– Assim que você se sentir preparado – respondeu Sérvio.

Naquela manhã Raphael deixou o Hospital de Recuperação e se dirigiu à Colônia Navegantes. Ali chegando, de imediato reconheceu aquele lugar, e sentiu que ali já estivera antes.

Foi recebido por Zenóbio que o abraçou, dizendo:

– O bom filho à casa torna!

– Meu amigo, já está preparado para amanhã, à primeira

hora, o encontro com os Instrutores, a fim de lhe auxiliar na análise das últimas reencarnações. Está bem assim?

– Sim, estou muito curioso para saber desse passado que vocês se referem como responsável pelos acontecimentos de nossa vida. Confesso que para mim tudo isso é muito surpreendente!

Raphael se dirigiu para o agradável jardim que circunda o prédio principal da Colônia, imaginando o que iria acontecer na manhã seguinte. Seus pensamentos o levaram à última vivência terrena, rememorando sua infância, a vida em família, a convivência nem sempre agradável com os irmãos Gracinha e Joaquim. Assim, ele refletiu por longo tempo.

Finalmente era chegada a hora tão aguardada por Raphael.

Acomodado ao lado dos amigos Sérvio, Angélica e Zenóbio, Raphael se preparou para enfrentar o passado que, como estava pressentindo, não era dos melhores.

As primeiras projeções na tela despertaram sua curiosidade. E o bondoso Sérvio o esclareceu de que todas as lembranças que estavam armazenadas em seu espírito seriam acessadas por um mecanismo que é somente utilizado por irmãos da mais alta dignidade, que a serviço da Justiça Divina são autorizados a essa tarefa.

– Eu não teria a condição de fazer isso sozinho? – perguntou Raphael.

– Nesse momento não, meu amigo – assegurou Sérvio pacientemente. Mas, no futuro quando você dominar perfeitamente suas emoções poderá buscar no passado todos os atos que porventura tiver praticado de forma equivocada.

– Bem, então podemos começar? – Se tenho de enfrentar, que seja logo!

– Raphael, desde a vivência na Mongólia, o mesmo espírito que foi seu pai, que depois retornou como John, depois como Giácomo e por último como Joaquim tem procurado se reabilitar de atitudes hostis e rancorosas que foram trazidas de muito tempo, mas pouco progresso conseguiu.

– Aquela que foi sua mãe Annunciata, e que na Mongólia também esteve ligada a você pelos laços maternais, agasalhava um amor possessivo e de certa forma lascivo, retornou a seu lado como a apaixonada rejeitada em Plymouth, e ultimamente como sua irmã Gracinha, a qual você salvou da morte, em detrimento de sua própria vida.

– Na bondade de Deus, você pôde conviver por várias vezes com o espírito meigo de Anne, que retornou como Nina e nesta última vivência no Brasil ainda vem a seu lado como Lívia.

– Espíritos amigos como Edward, retornando como Júlio em Florença, e finalmente como seu pai João, e Margareth que retornou desta vez como sua mãe Tereza, também caminham rumo à sua própria evolução, suportando suas provas com galhardia e fé inquestionável.

– Giovanni, espírito tarefeiro que em Florença levou sua sabedoria a você, a Nina, a Júlio e a quantos teve oportunidade de auxiliar, permanece já há algum tempo na Espiritualidade, onde realiza maravilhoso trabalho de amor aos seus semelhantes.

– Encontros com amigos como Luciano em Florença e a escrava Josefa, no Rio de Janeiro também contribuíram para formar um maravilhoso elo que une os amigos de longas eras.

– Zenóbio – disse Raphael em lágrimas:

– Como é possível serem tão fortes todas essas ligações, e

quando estamos encarnados não termos lembranças que poderiam nos ajudar a vencer as diferenças? Meus pais poderiam ter se comportado de outra forma lá em Florença, se soubessem do passado!

– Eles nada fizeram para evitar sofrimentos imensos pelos quais passaram Júlio, Giovanni, e de certa forma eu mesmo e também Nina.

– Engano seu, meu amigo – afirmou Zenóbio. Se quando encarnados, nós tivéssemos lembranças do passado, certamente as tragédias seriam muito maiores. As Leis de Deus são sábias e justas, tenha certeza. Jamais duvide da bondade do Pai Criador. Ele nos ama sempre, apesar de nossas falhas. Ele nos aguarda redimidos e felizes, em seu reino de luz.

Capítulo 44

Vivendo da esperança e da fé no futuro

POR DOIS DIAS, Raphael teve a oportunidade de ver e rever parte de seu passado. Entendeu que a somatória de erros era imensa, e que seria preciso muito esforço para se redimir perante as Leis Divinas.

Decidiu que iria se preparar muito para se tornar um tarefeiro do amor, e que tudo faria para alcançar tal condição. E começou imediatamente a se dedicar a esse propósito.

Naquela tarde, durante os estudos que Giovanni conduzia e nos quais Raphael e Lívia participavam, tiveram notícias que Túlio e Tito, reencarnados na França, faziam parte de um grupo de estudiosos que se juntaram a um homem ilustre, que utilizava o pseudônimo de Allan Kardec e que estava revolucionando o mundo com seu trabalho de Codificador de uma nova Doutrina, que chegava ao Planeta Terra para cumprir a promessa do Cristo quando disse: *Eu vos enviarei um Consolador!*

O tema do estudo daquela tarde girou em torno desse assunto que deixou todos os estudantes envolvidos em enorme alegria.

Alguns que estavam se preparando para reencarnar expressaram o desejo de fazer parte daquele novo momento que certamente viria assegurar um completo renascimento nos corações dos homens de bem.

Raphael meditava a respeito de tudo o que ouvia e em seu íntimo também pedia a Deus que lhe permitisse um dia retornar ao mundo físico e ali contribuir de alguma forma para que o amor ao próximo fosse regra de conduta para todos.

– Raphael, meu amigo, seu propósito é louvável, e você poderá sim, no tempo certo, contribuir para saciar a fome do corpo e da alma, de muitos irmãos nossos. Porém, não se esqueça de que débitos contraídos para com a Lei de Causa e Efeito devem ser ressarcidos, antes de darmos passos mais decisivos em nossa jornada evolutiva. Dessa forma Sérvio abraçou Raphael, sentindo que ele havia entendido a mensagem.

– Realmente, meu querido Instrutor de todas as horas, tenho esta consciência. Sei que aquele período de quase oito anos que abreviei lá em Plymouth ainda estão em branco nas folhas do livro de minha vida – disse emocionado Raphael.

– Com certeza você vai se preparar para alcançar todos os seus objetivos de trabalho e de redenção. Força e coragem nunca lhe faltaram, assim como fé e determinação.

Sem dúvida nenhuma, aqueles que lhe são queridos e que fazem parte desta imensa família, assim como dos amigos que juntos, por inúmeras vezes, formaram grupos que na prática de muitas ações com conotações que variavam entre o bem e o mal, estarão reunidos. E no momento certo, se encontrarão para implantar uma corrente de amor, fé, esperança e muito trabalho destinado a mitigar a fome dos irmãos que chegarão até seus corações. Esta é a Lei. Este é o caminho que conduz à redenção.

– Sérvio, Zenóbio, irmãos queridos que por tanto tempo me orientaram, muito eu lhes agradeço, e peço a vocês que intercedam por mim, quando chegar o momento.

– Gostaria de lhes fazer um pedido: teria eu permissão para voltar novamente ao Brasil? Tenho um especial carinho por essa Terra abençoada.

– Sim, meu amigo, solicitaremos aos nossos Irmãos Maiores que intercedam nesse propósito. E faremos mais, vamos pedir para que você possa renascer na cidade de São Paulo, metrópole onde reina o trabalho e onde por certo você poderá participar da construção de um maravilhoso reduto de paz, de amor e de luz!

– Obrigado, meus Irmãos em Cristo! Tudo eu farei para ser digno de trabalhar em nome do Pai.

NAS ÁGUAS...

Nomes dos personagens em reencarnações anteriores

Reencarnações vividas:

Inglaterra	**Itália**	**Brasil**
Henry	Pietro	Raphael
Anne	Nina	Lívia
Edward	Júlio	João
John	Giácomo	Joaquim
Amiga	Annunciata	Maria das Graças
Margareth	—	Tereza
Sir James	Prof. Giovanni	

A autora cedeu os direitos autorais desta edição ao

CENTRO ESPÍRITA A CAMINHO DA LUZ

Av. Sapopemba, 648, São Paulo-SP

CEP 03343-030

CNPJ 47.303.805/0007-63

RECANTO DO IDOSO
NOSSO LAR

Fundado há 14 anos, abriga 100 idosos (vovôs e vovós) em situação de abandono, apartados da família por razões diversas, que ali recebem assistência médica, psicológica, cuidados, carinho e principalmente amor, por meio dos funcionários e voluntários que se dedicam a esse atendimento filantrópico.

O Centro Espírita A Caminho da Luz promove campanhas permanentes a fim de oferecer a esses nossos irmãos uma vida digna e feliz.

O Recanto se encontra a Rua Serra Azul, 469, Vila Carmela – Bonsucesso – Guarulhos.

Essa é uma das 24 Unidades de Atendimento do Centro de Assistência e Promoção Social Nosso Lar.

Conheça essa Obra de amor.

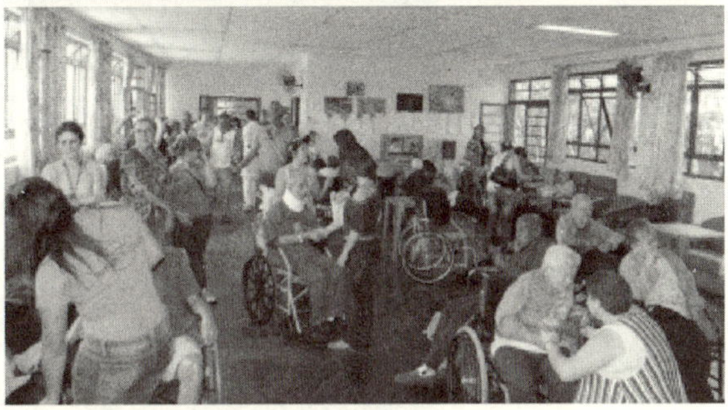

Missão: "Promover acolhimento digno ao idoso, nos aspectos físico, mental e ocupacional, dando a ele a oportunidade de vivenciar a melhor idade."

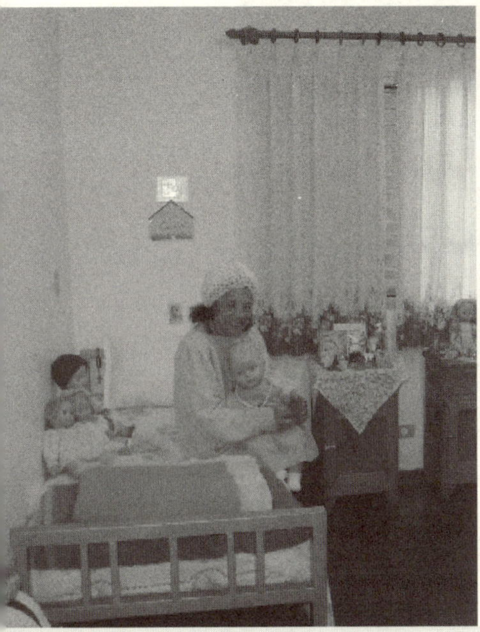

www.capsnossolar.org.br
www.centroacaminhodaluz.com.br

Insensatos Corações

Marlene Saes,
pelo espírito Luizinho

Um romance apaixonante que envolve em sua trama um grupo de pessoas interligadas em várias reencarnações, vivenciando o amor, a paixão, o ódio, a traição, a vingança e o perdão.

Flávia - Sonhos e Regressões

Ricardo Di Bernardi

Um romance emocionante baseado em uma história real, que traz um amor impossível do passado que floresce na vida atual e nos faz entender as leis de causa e efeito.

Gabriel, Esperança Além da Vida

Nilton Cesar Stuqui,
pelo espírito Gabriel Martins

Emocionante. Gabriel, um jovem que desencarnou aos 20 anos, traz a certeza do reencontro, pois Deus jamais separa aqueles que se amam.

Uma Chance para o Perdão

Marcos Alencar
pelo espírito Luís Felipe

Assim como Deus nos dá liberdade para fazermos nossas escolhas, também nos cobra a colheita daquilo que plantamos e nos concede novas oportunidades para replantar sempre que for necessário.

Cura e Libertação

José Carlos De Lucca

Neste livro, o leitor encontrará palavras que curam a nossa maneira de lidar com os problemas e que nos libertam do círculo vicioso do sofrimento.

INFORMAÇÕES SOBRE OS PRÓXIMOS LANÇAMENTOS

Para receber informações sobre os lançamentos da INTELÍTERA EDITORA, basta cadastrar-se diretamente no site:

www.intelitera.com.br.

Para saber mais a respeito de nossos títulos e autores, bem como enviar seus comentários sobre este livro, visite o nosso site:

www.intelitera.com.br

ou mande um e-mail para

atendimento@intelitera.com.br

LIS

Este livro foi impresso na
LIS GRÁFICA E EDITORA LTDA.
Rua Felício Antônio Alves, 370 – Bonsucesso
CEP 07175-450 – Guarulhos – SP
Fone: (11) 3382-0777 – Fax: (11) 3382-0778
lisgrafica@lisgrafica.com.br – www.lisgrafica.com.br